0165

Constituição e Direito Penal

— TEMAS ATUAIS E POLÊMICOS —

Conselho Editorial

André Luís Callegari
Carlos Alberto Molinaro
César Landa Arroyo
Daniel Francisco Mitidiero
Darci Guimarães Ribeiro
Draiton Gonzaga de Souza
Elaine Harzheim Macedo
Eugênio Facchini Neto
Giovani Agostini Saavedra
Ingo Wolfgang Sarlet
José Antonio Montilla Martos
Jose Luiz Bolzan de Morais
José Maria Porras Ramirez
José Maria Rosa Tesheiner
Leandro Paulsen
Lenio Luiz Streck
Miguel Àngel Presno Linera
Paulo Antônio Caliendo Velloso da Silveira
Paulo Mota Pinto

Dados Internacionais de Catalogação na Publicação (CIP)

S245c	Sarlet, Ingo Wolfgang. Constituição e direito penal : temas atuais e polêmicos / Ingo Wolfgang Sarlet, Jayme Weingartner Neto. – Porto Alegre : Livraria do Advogado, 2016. 146 p. ; 23 cm. Inclui bibliografia. ISBN 978-85-69538-64-6 1. Direito penal. 2. Constituição. 3. Dignidade da pessoa humana. 4. Direitos fundamentais. I. Weingartner Neto, Jayme. II. Título.

CDU 343:342.7

CDD 345.05

Índice para catálogo sistemático:
1. Direito penal : Direitos fundamentais   343:342.7

(Bibliotecária responsável: Sabrina Leal Araujo – CRB 10/1507)

Ingo Wolfgang Sarlet
Jayme Weingartner Neto

Constituição e Direito Penal

— TEMAS ATUAIS E POLÊMICOS —

livraria
DO ADVOGADO
editora

Porto Alegre, 2016

©
Ingo Wolfgang Sarlet
Jayme Weingartner Neto
2016

Capa, projeto gráfico e diagramação
Livraria do Advogado Editora

Revisão
Rosane Marques Borba

Direitos desta edição reservados por
Livraria do Advogado Editora Ltda.
Rua Riachuelo, 1300
90010-273 Porto Alegre RS
Fone: 0800-51-7522
editora@livrariadoadvogado.com.br
www.doadvogado.com.br

Impresso no Brasil /Printed in Brazil

Há qualquer coisa, nas grandes soluções radicais dos problemas políticos, que parece exigir que aquelas nasçam no espírito de pessoas que, sob um aspecto ou outro, estão à margem, olham o lado de dentro do lado de fora, e mantêm um ideal e uma finalidade, por isso mesmo, mais simples, ao mesmo tempo que uma visão lúcida, habitualmente violenta, baseada numa imprescindível negligência dos pormenores. **Quem sabe demasiadas coisas – que conhece demasiados factos em termos demasiado particulares e demasiado próximos – não pode, de um modo geral, produzir soluções radicais.**

BERLIN, Isaiah. *O poder das ideias*. Lisboa: Relógio D'Água Editores, 2006, p. 195

A pretensão de rejeitar o método dogmático, por considerá-lo inútil, é um infantilismo jurídico, próprio de pretensos teóricos gerais que jamais enfrentaram os problemas concretos de algum ramo do saber jurídico. Quando prescindimos da construção desses conceitos, caímos no campo das soluções arbitrárias.

ZAFFARONI, Eugenio Raúl; PIERANGELI, José Henrique. *Manual de Direito Penal Brasileiro*. Parte Geral. 4ª ed. São Paulo: Revista dos Tribunais, 2002, p. 166.

Sumário

Introdução e apresentação..9

1. Dignidade da pessoa humana e constitucionalização do sistema penal 15

  1.1. Preliminarmente...15

  1.2. Dignidade do Estado Constitucional: conceito, dimensões e funções...........17

  1.3. Dignidade na Constituição de 1988..25

    1.3.1. Fundamento e tarefa do Estado Democrático de Direito....................25

    1.3.2. Abertura material dos direitos e garantias fundamentais.................30

    1.3.3. Direitos de defesa e a prestações, deveres de proteção.....................35

    1.3.4. Parâmetro interpretativo e critério para intervenções restritivas.........40

  1.4. Considerações finais...42

2. Liberdade de reunião e manifestação no horizonte do protesto social 45

  2.1. Preliminarmente...45

  2.2. As liberdades comunicativas e o núcleo do direito fundamental de reunião
e manifestação...47

    2.2.1. Noções gerais...47

    2.2.2. A liberdade de reunião na Constituição de 1988............................49

      2.2.2.1. Reunião, conceitos e elementos.......................................49

      2.2.2.2. Âmbito de proteção como direito negativo e positivo..............53

      2.2.2.3. Limites e restrições..55

  2.3. Manifestantes, vândalos e mascarados: o pluralismo da voz das ruas na
tensão das leis penais...60

  2.4. Considerações finais...65

3. Tortura no prisma penal 67

  3.1. Preliminarmente...67

  3.2. A proibição da tortura e de tratamento desumano e degradante.................69

  3.3. A opção legislativa e a construção de soluções típicas diferenciadas:
tortura, lesões corporais, maus-tratos...73

  3.4. Considerações finais...80

4. Algemas e Súmula Vinculante nº 11...83

4.1. Preliminarmente...83

4.2. Dignidade como proibição de humilhação e a gênese da Súmula.............85

4.3. Violação da Súmula e nulidade do ato processual em três distintas ocorrências: algemas midiáticas, no Plenário do Júri e na sala de audiência ...90

4.4. Considerações finais...98

5. Interrogatório e leis especiais, do início ao final da instrução.....................101

5.1. Preliminares..101

5.2. Argumentos e a evolução da posição do STF......................................102

5.3. Fundamentos: a máxima eficácia e a dimensão objetiva dos direitos fundamentais..107

5.4. Conclusão..112

6. Inviolabilidade de domicílio em caso de flagrante delito...........................113

6.1. Preliminarmente...113

6.2. O direito fundamental à inviolabilidade de domicílio...........................114

6.3. A restrição do flagrante e o controle judicial no processo penal: para além do mantra da permanência...124

6.4. Síntese conclusiva..140

Bibliografia..151

Introdução e apresentação

> Es una ley estructural de nuestro ser, generalmente a tener en cuenta, aunque también muchas veces olvidada, que en nuestro mundo no se pueden llevar las condiciones al extremo sin que esto se vuelva en su contra y sin que, por eso mismo, las posturas extremas, en tanto parecen enfrentarse entre sí, se contrapongan como teorías complementarias. Por eso, los teoremas extremos tienem algo irreal y utópico en sí mismos.
>
> (Arthur Kaufmann)[1]

Num instigante estudo sobre Edmund Mezger e o direito penal de seu tempo, em que desnuda as origens ideológicas de polêmica entre causalismo e finalismo, Francisco Muñoz Conde refere-se aos chamados "juristas terríveis" (*furchtbare Juristen*), assim designados pela sua colaboração com o nacional-socialismo, ao exercerem papéis destacados na política, na administração da justiça ou mesmo no ensino jurídico. Muitos destes juristas (se é que a prática da injustiça é compatível com tal qualificativo) distinguiram-se por terem proferido sentenças especialmente duras no exercício da função jurisdicional, não raras vezes resultando em pena de morte ou internação em campos de concentração, por fatos de escassa gravidade ou importância, evidenciando até onde pode chegar a perversão dogmática ao utilizar-se de um discurso técnico pretensamente neutro, atrelado a um positivismo legalista e formalista.

Voltando ao exemplo de Mezger, convém recordar que este, aos cinquenta anos e no apogeu da fama como penalista, foi nomeado membro da Comissão de Reforma do Direito Penal no âmbito da qual teve destacada participação, por exemplo, na reforma do StGB, de 28 de junho de 1935, que introduziu a analogia como fonte de criação do direito penal "segundo a ideia básica do Direito Penal e o são sen-

---

[1] KAUFMANN, Arthur. *Derecho, moral e historicidad*. Madrid: Marcial Pons, 2000, p. 48-9.

Constituição e Direito Penal – TEMAS ATUAIS E POLÊMICOS

timento do povo alemão". Em outubro de 1945, foi afastado de sua cátedra de Munique pelo Governo Aliado e, classificado como colaborador de segunda categoria, chegou a passar algumas semanas preso em Nuremberg. Em 1948, reconquistou a sua cátedra e, em 1956, recebeu doutorado *honoris causa* pela Universidade de Coimbra, época em que proferiu algumas conferências na Espanha.[2]

Mais que as vicissitudes de uma época, carece lembrar que das 60.000 penas de morte aplicadas durante o regime nazista, certamente cerca de 40.000 foram pronunciadas por tribunais militares, mas pelo menos outras 16.000 foram ditadas por tribunais civis (sem contar as milhares de internações em campos de concentração).[3] O colaboracionismo, portanto, evidenciou-se (como ocorreu na maior parte dos regimes ditatoriais, inclusive no Brasil), também, em sentenças desproporcionais, terrivelmente injustas, levando um filósofo do porte de um Gustav Radbruch a purgar as culpas de um positivismo que deixou os juristas alemães ainda mais indefesos diante das leis cruéis editadas sob a égide do regime nazista do que os próprios militares em face de ordens evidentemente criminosas por parte de seus superiores.[4]

Com esta breve referência histórica, objetivamos a contextualização do tema com o qual se ocupa a presente obra: as relações entre a Constituição, a Dignidade da Pessoa Humana, os Direitos Fundamentais e o Direito Penal, compreendido aqui em sentido alargado, porquanto abarcando também o Direito Processual Penal. Tal articulação, por sua vez, arranca do pressuposto de que o Estado Constitucional, como é o caso daquele constituído a partir da Constituição Federal de 1988 (doravante apenas CF), é por definição um Estado Democrático de Direito, e, portanto, um Estado que tem a dignidade da pessoa humana como valor superior, princípio estruturante e simultaneamente limite e tarefa do poder estatal.

Nessa perspectiva, a despeito de não desconhecermos e nem desconsiderarmos a existência de diferentes leituras do que se tem convencionado chamar de modelo garantista de Estado e do Direito – debate que aqui não temos a intenção de desenvolver – é preciso

---

[2] Vale lembrar que Welzel não participaria de um Livro Homenagem por ocasião dos 70 anos de Mezger, organizado em 1954, cf. anota MUÑOZ CONDE, Francisco. *Edmund Mezger y el derecho penal de su tiempo*. Valencia: Tirant lo Blanch, 2000, p. 16-36.

[3] Cfr. MUÑOZ CONDE, Francisco. *Edmund Mezger y el derecho penal de su tiempo*, p. 39.

[4] Cfr. RADBRUCH, Gustav. *Filosofia do Direito*. "Cinco Minutos de Filosofia do Direito" – Apendice II, 6ª ed. (trad. Cabral de Moncada), Coimbra: Armênio Amado, 1979. Entre nós, vale conferir o estudo de AZEVEDO, Plauto Faraco de. *Limites e justificação do poder do Estado*, Petrópolis: Vozes, 1979, especialmente p. 85-190, ao versar sobre o relativismo jurídico, a filosofia de Gustav Radbruch e a esperiência "jurídica" na esfera do III Reich.

destacar de plano (até mesmo para desde logo desnudar o nosso olhar sobre o tema) que o fio condutor desta análise diz com a necessidade de superar moral, jurídica e socialmente, a era dos extremos (que caracterizou o breve século XX, na precisa historiografia de Hobsbawm[5]), de tal sorte a afastar tanto o abolicionismo, quanto a intolerável "tolerância zero".

Com efeito, uma leitura constitucionalmente adequada e genuinamente garantista da assim chamada constitucionalização da ordem jurídica (aqui do direito penal), partindo da dignidade da pessoa humana e dos direitos fundamentais, não se poderá fazer a não ser no contexto de uma abordagem *mite*, tal qual sugere Zagrebelsky, de acordo com quem se caminha para um direito da *equidade*, que exige uma particular atitude espiritual do operador jurídico, de estreita relação prática: razoabilidade, adaptação, capacidade de alcançar composições "em que haja espaço não só para uma, e sim para muitas 'razões'. Trata-se, pois, não do absolutismo de uma só razão e tampouco do relativismo das distintas razões (uma ou outra, iguais são), e sim do pluralismo (uma e outras de uma vez, na medida em que seja possível). Retornam, neste ponto, as imagens de ductibilidade (...)".[6]

Assim, em termos gerais, verifica-se que a concepção de Zagrebelsky no que diz com um direito *mite* (a tradução espanhola utilizou o termo *dúctil*) está conectada à configuração de um sistema mais dinâmico, plural e complexo, não deixa de guardar relação com o pensamento de Norberto Bobbio, tal qual exposto no seu *Elogio della mitezza* (o tradutor português optou pelo substantivo *serenidade*).[7] A serenidade, como postulada por Bobbio, é uma virtude *ativa* e uma virtude *social* (ao passo que temperança e coragem seriam virtudes individuais) que se opõe frontalmente à arrogância, insolência e prepotência do homem político,[8] guardando, portanto, estreita relação com a postura

---

[5] HOBSBAWM, Eric. *A Era dos Extremos*. 2ª ed. São Paulo: Companhia das Letras, 1996.

[6] ZAGREBELSKY, Gustavo. *El derecho dúctil*. 3ª ed. Madrid: Editorial Trotta, 1999, p. 146-7. Para o autor, a relação de tensão entre o caso e a regra "introduz inevitavelmente um elemento de eqüidade na vida do direito" (p. 148).

[7] Cfr. BOBBIO, Norberto. *Elogio da serenidade e outros escritos morais*. São Paulo: Editora Unesp, 2002.

[8] Na definição lapidar de Bobbio, op. cit., p. 35, "sereno é o homem de que o outro necessita para vencer o mal dentro de si", destacando a serenidade na sua condição de potência, consistindo em "deixar o outro ser aquilo que é". Mais adiante, Bobbio, após apresentar a serenidade como oposto da arrogância e, neste sentido, como a "outra face da política", que ajuda a definir os limites entre o político e o não político (p. 42), justifica sua escolha por uma virtude que é a antítese da política, aproximando a serenidade de duas outras virtudes complementares: a compaixão (conectada à misericórdia) e a simplicidade, vista como a capacidade de fugir intelectualmente as complicações inúteis e praticamente das posições ambíguas (p. 43-6).

que pretendemos sustentar nesta obra e nos diversos ensaios que a integram.

Renunciando – até mesmo pelas limitações de uma trajetória acadêmica que, se não é estranha ao, não se fixou no universo penal – a uma ingênua tentativa de aprofundamento das complexas questões que subjazem ao debate aqui proposto, anima-nos, todavia, o singelo propósito de contribuir ao menos para a discussão em torno da construção de uma política criminal e de um garantismo (já que deste não há como abrir mão) constitucionalmente adequado, ademais de verdadeiramente proporcional (e, portanto, sereno!), tudo à luz de algumas categorias dogmáticas e exemplos extraídos do nosso cotidiano normativo e forense.

Para tanto, a presente obra reúne diversos ensaios de nossa lavra já publicados, aqui reunidos de modo organizado e objeto de atualização e em parte mesmo de alguns ajustes mais substanciais.

Consideramos que qualquer análise que queira desvendar o fascinante, fértil, mas também complexo e multidimensional campo das relações entre a Constituição e os Direitos Fundamentais, na perspectiva da constitucionalização da ordem jurídica, aqui focada na seara do direito penal e processual penal, não pode dispensar ao menos uma aproximação com o valor e princípio da dignidade da pessoa humana, sua articulação nem sempre bem compreendida e manejada com os direitos fundamentais e sua condição de parâmetro para a intepretação/aplicação dos próprios direitos e garantias fundamentais e, em especial, da legislação infraconstitucional. Por tal razão e pelo fato de a dignidade da pessoa humana operar como princípio fundamental estruturante da nossa ordem constitucional, o primeiro capítulo é precisamente a ela dedicado.

Na sequência, os textos aqui reunidos e que compõem os capítulos da obra situam-se todos na perspectiva de uma leitura afinada com a dignidade da pessoa humana e os direitos fundamentais tais como consagrados na ordem constitucional brasileira. Os respectivos temas referem-se a direitos e garantias em espécie, buscando identificar e problematizar aspectos atuais e polêmicos, com destaque para a produção jurisprudencial e a formulação de pautas dogmático-críticas para o seu enfrentamento. A abordagem, portanto, não pretende ser eminentemente teórica, mas sim, voltada à aplicação concreta dos institutos tematizados numa perspectiva prudencial, proporcional e constitucionalmente adequada. Nossa inserção no diálogo, fique gizado, também percebe a seletividade do sistema penal, a dose inescondível de sofrimento que sua aplicação (ou não aplicação) acarreta, o quase indizível dos cárceres brasileiros.

Além disso, importa advertir o leitor que não nos preocupamos aqui com a manutenção de um padrão uniforme para as notas de rodapé e citações, que correspondem à versão original dos textos quando de sua primeira publicação, a despeito das diversas atualizações aqui levadas a efeito. Da mesma forma, para assegurar a mínima organicidade, alguns ajustes na parte introdutória dos artigos (ora capítulos) foram necessários.

Trata-se, ademais, de uma obra aberta ao profícuo debate acadêmico, sabendo-se que os problemas versados têm sido objeto de olhares diferenciados e por vezes mesmo conflitantes. Mas é precisamente este o nosso intento. Compartilhar algumas considerações e contribuir para um permanente e necessário contraditório sobre tópicos de inquestionável atualidade e relevância para um Estado Democrático de Direito em fase de construção e na busca por sua afirmação como tal. Aliás, é na seara penal, onde em causa não apenas a liberdade, mas a própria dignidade da pessoa humana, que tal processo se revela ainda mais urgente e irrenunciável.

1. Dignidade da pessoa humana e constitucionalização do sistema penal

1.1. Preliminarmente

Embora – como bem salienta Jorge Miranda – não exista, na perspectiva da evolução histórica, uma relação necessária entre direitos fundamentais e a dignidade da pessoa humana[9] (bastaria recordar que a inserção da dignidade no direito constitucional positivo é fenômeno bem mais recente, em contraste com o reconhecimento dos direitos humanos e fundamentais), na quadra atual da trajetória do Estado Constitucional, o reconhecimento da íntima e indissociável – embora não exclusiva! – vinculação entre a dignidade da pessoa humana, os direitos humanos e fundamentais e a própria Democracia, na condição de eixos estruturantes deste mesmo Estado Constitucional, constitui um dos esteios nos quais se assenta tanto o direito constitucional quanto o direito internacional dos direitos humanos.[10]

Da mesma forma, embora a conexão entre dignidade e direitos fundamentais não possa ser compreendida no sentido de uma total fungibilidade das respectivas noções (aspecto que será retomado mais adiante), inquestionável o compromisso do Estado constitucional contemporâneo, compreendido como um Estado Democrático de Direito, com o respeito, proteção e promoção da dignidade da pessoa humana. No caso da Constituição Federal Brasileira de 05.10.1988

---

[9] Cf. MIRANDA, Jorge. *Manual de Direito Constitucional*, vol. IV, 4ª ed. Coimbra: Coimbra Editora, 2008, p. 194.

[10] Nesta perspectiva, calha referir, por todos, no âmbito da doutrina brasileira, a lição de BRITTO, Carlos Ayres. *Teoria da Constituição*. Rio de Janeiro: Forense, 2003, p. 189, notadamente ao destacar a existência de um vínculo funcional entre a dignidade da pessoa humana e os direitos fundamentais, bem como entre estes e a democracia. No que diz com a produção monográfica dedicada ao tema das relações entre a dignidade da pessoa humana e os direitos fundamentais no Brasil, v. SARLET, Ingo W. *Dignidade da Pessoa Humana e Direitos Fundamentais na Constituição Federal de 1988.* 9ª ed. Porto Alegre: Livraria do Advogado, 2011 (a primeira edição foi publicada em 2001), obra de onde foi extraído o presente texto, embora reconstruído em boa parte.

(doravante CF), tal afirmação encontra sua melhor expressão no fato de que a dignidade da pessoa humana, tal como dispõe o artigo 1º, inciso III, da CF, constitui um dos (para muitos o principal) fundamentos da República.

Todavia, quando se busca definir o conteúdo normativo da dignidade da pessoa humana e mesmo quando está em causa o alcance da sua relação com os direitos humanos e fundamentais, o consenso praticamente se limita ao reconhecimento da existência e da importância desta vinculação. Quanto ao mais – inclusive no que diz com a própria compreensão do conteúdo e significado da dignidade da pessoa humana na (e para a) ordem jurídica considerada em seu conjunto e para o direito penal e processual penal de modo particular, segue farta a discussão em nível doutrinário e jurisprudencial.

Com efeito, se o fenômeno da assim chamada constitucionalização da ordem jurídica, aqui desenvolvida com foco na influência da CF sobre o direito penal (tomando aqui em sentido amplo, inclusivo do processo penal), tem sido amplamente difundido e justificado pela doutrina, bem como recorrentemente praticado na esfera prática, no âmbito das decisões judiciais individuais e colegiadas, não se poderá afirmar que tal processo de constitucionalização não mereça contínua reflexão crítica e nem sempre prima pela consistência jurídica desejável.

Aquilo que se observa em outros domínios (como é o caso do direito civil, apenas para ilustrar) também ocorre na seara penal, notadamente quando a aplicação dos princípios constitucionais (destacando-se aqui a dignidade humana e a proporcionalidade) serve – por vezes! – a praticamente qualquer propósito. Já por tal razão, seja pela sua relevância e atualidade, seja pelo espaço existente para revisitar e discutir o tema das relações entre a dignidade da pessoa humana, os direitos fundamentais e o direito penal, animamo-nos, a partir de trabalho anterior, objeto de ajuste e atualização, a lançar algumas notas que, assim esperamos, possam eventualmente contribuir para o debate teórico e a efetividade da ordem constitucional brasileira.

Para iniciar e embasar a trajetória a ser trilhada nesta contribuição, vai consignado o nosso objetivo de, mediante especial consideração da evolução constitucional brasileira, apresentar e analisar como a dignidade da pessoa humana tem sido objeto de reconhecimento, proteção e promoção no âmbito da doutrina, mas especialmente da jurisprudência constitucional brasileira, razão pela qual serão priorizadas decisões representativas da recente produção do Supremo

Tribunal Federal (doravante STF)[11] de modo a avaliar como se compreende e aplica o princípio (e regra) da dignidade da pessoa humana no Brasil na esfera da assim chamada constitucionalização do direito penal.

1.2. Dignidade do Estado Constitucional: conceito, dimensões e funções

A despeito das inúmeras tentativas formuladas ao longo dos tempos, notadamente (mas não exclusivamente) no âmbito da fecunda tradição filosófica ocidental,[12] verifica-se que uma conceituação mais precisa do que efetivamente seja esta dignidade, inclusive para efeitos de definição do seu âmbito de proteção na esfera do Direito, continua a ser um desafio para todos os que se ocupam do tema. Tal dificuldade, consoante exaustiva e corretamente destacado na doutrina, decorre certamente (ao menos também) da circunstância de que se cuida de conceito de contornos vagos e imprecisos,[13] caracterizado por uma "ambiguidade e porosidade", assim como por sua natureza necessariamente polissêmica.[14] Nessa perspectiva, embora com a devida cautela, há como acompanhar José de Melo Alexandrino quando bem averba que "o princípio da dignidade da pessoa humana parece pertencer àquele lote de realidades particularmente avessas à claridade,

---

[11] A opção pela jurisprudência do Supremo Tribunal Federal se justifica pelo fato de que, a exemplo do que ocorre com a Suprema Corte dos EUA, ao Supremo Tribunal Federal brasileiro compete a guarda da Constituição, mediante um conjunto de instrumentos processuais e competências, dentre as quais se destacam o controle difuso e incidental de constitucionalidade (incorporado já no âmbito da primeira constituição republicana, de 1891) e o controle concentrado de constitucionalidade das leis e atos normativos, que, por sua vez, foi objeto de gradativa e crescente inserção no constitucionalismo brasileiro, especialmente com e após a promulgação da vigente Constituição de 1988.

[12] A respeito deste ponto, no que diz com a literatura brasileira, v. especialmente SARLET, Ingo W. *Dignidade da Pessoa e Direitos Fundamentais na Constituição Federal de 1988*. 8ª ed. Porto Alegre: Livraria do Advogado, 2010, p. 31 e ss. Dentre os autores estrangeiros, v., na literatura alemã e considerando apenas a produção monográfica, mais recentemente, TIEDEMANN, Paul. *Menschenwürde als Rechtsbegriff. Eine philosophische Klärung*. Berliner Wissenschafts-Verlag, 2007, especialmente, no que diz com a noção de dignidade no pensamento filosófico, p. 109-174. Na literatura em língua espanhola, v. entre outros, PELE, Antonio. *La dignidad humana. Sus Orígenes en el Pensamiento Clásico*, Madrid: Dikynson, 2010 (embora priorizado a concepção de dignidade dos autores do período clássico, especialmente Aristóteles, Cícero e Sêneca). Representando aqui a doutrina lusitana, v. em especial MIRANDA, Jorge. *Manual de Direito Constitucional*, vol. IV, op. cit., p. 194 e ss.

[13] Neste sentido, dentre tantos, MAUNZ, Theodor; ZIPPELIUS, Reinhold. *Deutsches Staatsrecht*. 29ª ed. München: C.H. Beck, 1994, p. 179.

[14] Assim o sustenta, no Brasil, ROCHA, Cármen Lúcia Antunes. O princípio da dignidade da pessoa humana e a exclusão social, in: *Revista Interesse Público* n° 04 (1999), p. 24.

chegando a dar a impressão de se obscurecer na razão directa do esforço despendido para o clarificar".[15]

Uma das principais dificuldades, todavia, reside no fato de que, no caso da dignidade da pessoa humana, diversamente do que ocorre com as demais normas que definem e asseguram direitos fundamentais, não se trata de demarcar aspectos mais ou menos específicos da existência humana (integridade física, intimidade, vida, propriedade, etc.), mas, sim, de uma qualidade tida por muitos – por mais reservas que se devam ter em relação a tal concepção! – como inerente (melhor seria atribuída e/ou reconhecida) a todo e qualquer ser humano. É precisamente nesta perspectiva que a dignidade passou a ser habitualmente definida como constituindo o valor próprio que identifica o ser humano como tal, definição esta que, todavia, acaba por não contribuir muito para uma compreensão satisfatória do que efetivamente é o âmbito de proteção da dignidade na sua condição jurídico-normativa.[16]

A despeito das dificuldades, verifica-se, contudo, que a doutrina e a jurisprudência – especialmente para o efeito de "construção" de uma noção jurídica de dignidade[17] – cuidaram, ao longo do tempo, de estabelecer alguns contornos basilares do conceito, concretizando minimamente o seu conteúdo, ainda que não se possa falar, também aqui, de uma definição genérica e abstrata consensualmente aceita. Nesse sentido, vale colacionar a lição de Peter Häberle,[18] para quem se revela indispensável a utilização de exemplos concretos para obter uma aproximação com o conceito de dignidade da pessoa humana, salientando, além disso, a importância de um preenchimento desta noção "de baixo para cima", no sentido de que a própria ordem jurídica infraconstitucional fornece importante material para a definição dos contornos do conceito. Ainda nesse contexto, costuma apontar-se

---

[15] Cf. ALEXANDRINO, José de Melo. "Perfil constitucional da dignidade da pessoa humana: um esboço traçado a partir da variedade de concepções", in: *Estudos em Honra ao Professor Doutor José de Oliveira Ascensão*, vol. I, Coimbra: Almedina, 2008, p. 481.

[16] Cf., por exemplo, adverte SACHS, Michael. *Verfassungsrecht II – Grundrechte*. Berlin-Heidelberg, New York: Springer, 2000, p. 173.

[17] Quando aqui se fala em uma noção jurídica de dignidade, pretende-se apenas clarificar que se está simplesmente buscando retratar como a doutrina e a jurisprudência constitucional – e ainda assim de modo apenas exemplificativo – estão compreendendo, aplicando e eventualmente concretizando e desenvolvendo uma (ou várias) concepções a respeito do conteúdo e significado da dignidade da pessoa. Por outro lado, não se questiona mais seriamente que a dignidade seja também um conceito jurídico. Neste sentido, por todos e mais recentemente, KUNIG, Philip. *Art. 1 GG (Würde des Menschen, Grundrechtsbindung)* in: MÜNCH, Ingo von (org.). *Grundgesetz Kommentar*, vol. I. 5ª ed. München: C.H. Beck, 2000, p. 76.

[18] Cf. HÄBERLE, Peter. Die Menschenwürde als Grundlage der staatlichen Gemeinschaft, in: KIRCHHOF, Joseph Isensee-Paul (org.). *Handbuch des Staatsrechts der Bundesrepublik Deutschland*, vol. I, Heidelberg: C.F. Muller, 1987, p. 853.

corretamente para a circunstância de que a dignidade da pessoa humana não poderá ser conceituada de maneira fixista, ainda mais quando se verifica que uma definição desta natureza não harmoniza com o pluralismo e a diversidade de valores que se manifestam nas sociedades democráticas contemporâneas,[19] razão pela qual há que reconhecer que se trata de um conceito em permanente processo de construção e desenvolvimento.[20] Portanto, também o conteúdo da noção de dignidade da pessoa humana, na sua condição de conceito jurídico-normativo, a exemplo de tantos outros conceitos de contornos vagos e abertos, reclama uma constante concretização e delimitação pela práxis constitucional, tarefa cometida a todos os órgãos estatais,[21] embora mediante diálogo com os impulsos vindos da sociedade. Também por esta razão é indispensável que se tome sempre em conta o conteúdo e significado atribuído à noção de dignidade da pessoa humana pelos órgãos jurisdicionais, com destaque para a assim chamada jurisdição constitucional e para os tribunais internacionais que velam pelo cumprimento dos tratados internacionais de direitos humanos, o que aqui será levado a efeito com base em especial no direito constitucional brasileiro.

Inicialmente, importa relembrar que, embora a noção de dignidade da pessoa humana pertença aos conceitos basilares da tradição filosófica desde a antiguidade, sua relevância para o Direito é recente, e, a despeito de algumas aparições isoladas anteriores, passou a ser reconhecida apenas a partir da trágica experiência da Segunda Grande Guerra.[22] Por outro lado, embora elementar que o reconhecimento de uma dignidade à pessoa humana (e ao humano) não se processa apenas na esfera do Direito e na medida em que pelo Direito é reconhecida, também se revela evidente que o Direito exerce um papel crucial na sua proteção e promoção, de tal sorte que, especialmente quando se cuida de aferir a existência de ofensas à dignidade, não há como prescindir de uma clarificação quanto ao conteúdo da noção de dignidade da pessoa humana, justamente para que se possa constatar e, o que é mais importante, coibir eventuais violações desta mesma dignidade.[23]

---

[19] Cf., por todos, CANOTILHO, José Joaquim Gomes. *Direito Constitucional e Teoria da Constituição*, 7ª ed. Coimbra: Almedina, 2003, p. 225-26.

[20] Tal como proposto, entre outros, por ROCHA, Cármen Lúcia Antunes. O princípio da dignidade da pessoa humana e a exclusão social, in: *Revista Interesse Público*, nº 4, 1999, p. 24.

[21] Cf. averba ZIPPELIUS, Reinhold. *Bonner Kommentar zum Grundgesetz*. Heidelberg, 1994, p. 14.

[22] Cf. por último e por todos, KIRSTE, Stephan. *Einführung in die Rechtsphilosophie*. Darmstadt: Wissenschaftliche Buchgesellschaft, 2010, p. 126.

[23] Cf. BADURA, Peter. Generalprävention und Würde des Menschen, in: *JZ* 1964, p. 341, para quem a clareza suficiente a respeito do conteúdo da dignidade da pessoa tal qual reconhecida e protegida por uma determinada ordem constitucional constitui pressuposto para a solução adequada dos casos concretos. No mesmo sentido, v. também PÉREZ, Jesus González. *Dignidad de la Persona*. Madrid: Civitas, 1986, p. 111.

Com efeito, refutando a tese de que a dignidade não constitui um conceito juridicamente apropriável e que não caberia – como parece sustentar Habermas[24] – em princípio, aos Juízes ingressar na esfera do conteúdo ético da dignidade, relegando tal tarefa ao debate na esfera pública (em especial, no âmbito dos parlamentos), assume relevo a observação de Denninger, no sentido de que – diversamente do filósofo, para quem, de certo modo, é fácil exigir uma contenção e um distanciamento no trato da matéria – para a jurisdição constitucional, quando provocada a intervir na solução de determinado conflito versando sobre as diversas dimensões da dignidade, não existe a possibilidade de recusar a sua manifestação, sendo, portanto, compelida a proferir uma decisão, razão pela qual já se percebe que não há como dispensar uma compreensão (ou conceito) jurídica da dignidade da pessoa humana, já que desta – e à luz do caso examinado pelos órgãos judiciais – haverão de ser extraídas determinadas consequências jurídicas,[25] muitas vezes decisivas para a proteção da dignidade das pessoas concretamente consideradas.

Feitas essas considerações, procurar-se-á, na sequência, destacar algumas das possíveis e relevantes dimensões da dignidade da pessoa humana, ressaltando-se que tais dimensões, por sua vez, não se revelam como incompatíveis e reciprocamente excludentes.

Numa primeira aproximação, superando a noção (ainda extremamente influente no pensamento filosófico e jurídico contemporâneo) de que a dignidade constitui uma qualidade inata (natural) do ser humano, como algo inerente à própria condição humana, parece correto afirmar, já em outro sentido, que a dignidade representa um valor especial e

---

[24] Com efeito, HABERMAS, Jürgen. *Die Zukunft der menschlichen Natur. Auf dem Weg zu einer liberalen Eugenik*? Frankfurt am Main: Suhrkamp, 2001, p. 70 e ss., argumenta, em síntese, que o Estado secularizado e neutro, quando constituído de modo democrático e procedendo de modo inclusivo, não pode tomar partido numa controvérsia ética relacionada com a dignidade da pessoa humana e o direito geral ao livre desenvolvimento da personalidade (artigos 1º e 2º da Lei Fundamental da Alemanha). Além disso – segue argumentando Habermas – quando a pergunta a respeito do tratamento dispensado à vida humana antes do nascimento envolve questões de conteúdo ético, o razoável será sempre contar com um fundado dissenso, tal qual encontrado na esfera do debate parlamentar por ocasião da elaboração das leis (no caso, Habermas fez referência ao debate no Parlamento da Alemanha, ocorrido no dia 31.05.2001).

[25] Cf. DENNINGER, Erhard. Embryo und Grundgesetz. Schutz des Lebens und der Menschenwürde vor Nidation und Geburt, in: *Kritische Vierteljahresschrift für Gesetzgebung und Rechtswissenschaft* (*KritV*). Baden-Baden: Nomos, 2/2003, p. 195-196, lembrando, nesta perspectiva (da necessária intervenção da jurisdição constitucional no plano das decisões envolvendo a dignidade da pessoa humana), a argumentação desenvolvida pela Ex-Presidente do Tribunal Constitucional Federal da Alemanha, Juíza Jutta Limbach (extraída de voto proferido em decisão envolvendo a descriminalização do aborto), no sentido de que assim como é correto afirmar que a ciência jurídica não é competente para responder à pergunta de quando inicia a vida humana, também é certo que as ciências naturais não estão em condições de responder desde quando a vida humana deve ser colocada sob a proteção do direito constitucional (ob. cit., p. 196).

distintivo reconhecido em cada ser humano como sendo merecedor de igual respeito, proteção e promoção. Além disso, não se deverá olvidar que a dignidade constitui atributo reconhecido a qualquer ser humano, visto que, em princípio, todos são iguais em dignidade, no sentido de serem reconhecidos como pessoas e integrantes da comunidade humana, ainda que não se portem de forma igualmente digna nas suas relações com seus semelhantes ou consigo mesmos. Que tal premissa é particularmente cara ao domínio do direito penal resulta evidente, pois implica, em linhas gerais e aqui sumariamente esboçadas, que mesmo alguém que pratique crimes que possam ser qualificados como cruéis e desumanos – no limite, a barbárie do terror – segue sendo pessoa e segue sendo titular de uma dignidade, sujeito, portanto, de um direito a não ser ele próprio tratado de forma indigna.

Aliás, não é outro o entendimento que subjaz ao art. 1º da Declaração Universal da ONU (1948), segundo o qual "todos os seres humanos nascem livres e iguais em dignidade e direitos. Dotados de razão e consciência, devem agir uns para com os outros em espírito e fraternidade", preceito que, de certa forma, revitalizou e universalizou – após a profunda barbárie na qual mergulhou a humanidade na primeira metade deste século – a noção de que a todos os seres humanos, sem distinção, é atribuída uma dignidade.

Considerando a distinção – embora nem sempre assim compreendida – entre as noções de dignidade humana (que transcende a dignidade da pessoa individualmente considerada) e dignidade da pessoa humana, parte-se aqui da premissa (de resto, praticamente um lugar comum) de que em função da dignidade que lhe é atribuída, cada ser humano é único e como tal titular de direitos próprios e indisponíveis. Nesta perspectiva, tal como formulado por Carlos Ayres Britto, "o princípio jurídico da dignidade da pessoa humana *decola* do pressuposto de que todo ser humano é um microcosmo. Um universo em si mesmo. Um ser absolutamente único, na medida em que, se é parte de um todo, é também um todo à parte; isto é, *se toda pessoa natural é parte de algo (o corpo social), é ao mesmo tempo um algo à parte* (grifos do autor)".[26] Em outras palavras, fazendo coro com Jorge Miranda, "a dignidade da pessoa humana reporta-se a todas e cada uma das pessoas e é a dignidade da pessoa individual e concreta".[27]

Por outro lado, tendo em conta que somente há que falar em dignidade (e, portanto, em direitos e deveres humanos e fundamentais)

---

[26] Cf. BRITTO, Carlos Ayres. *O Humanismo Como Categoria Constitucional*. 2ª ed. Belo Horizonte: Fórum, 2012, p. 27.

[27] Cf. MIRANDA, Jorge. *Manual de Direito Constitucional*, vol. IV, op. cit., p. 199.

num contexto marcado pela intersubjetividade, também já representa um lugar comum – embora a relevância da assertiva – que a dignidade da pessoa humana implica uma obrigação geral de respeito pela pessoa, traduzida num feixe de direitos e deveres correlativos, de natureza não meramente instrumental, mas sim, relativos a um conjunto de bens indispensáveis ao "florescimento humano",[28] tudo a reforçar a – já afirmada – relação (íntima e em parte indissociável, mas não exclusiva!) entre dignidade da pessoa humana e os direitos humanos e fundamentais.

É Justamente nessa perspectiva que a lição de Jürgen Habermas[29] se revela particularmente relevante, ao sugerir que a dignidade da pessoa, numa acepção rigorosamente moral e jurídica, encontra-se vinculada à simetria das relações humanas, de tal sorte que a sua *intangibilidade* (o grifo é do autor) resulta justamente das relações interpessoais marcadas pela recíproca consideração e respeito, razão pela qual apenas no âmbito do espaço público da comunidade da linguagem, o ser natural se torna indivíduo e pessoa dotada de racionalidade.[30] Assim, como bem destaca Hasso Hofmann,[31] a dignidade necessariamente deve ser compreendida sob perspectiva relacional e comunicativa, constituindo uma categoria da co-humanidade de cada indivíduo (*Mitmenschlichkeit des Individuums*).

Afirmada sua dimensão intersubjetiva e relacional, necessário destacar que a dignidade da pessoa humana possui também um sentido histórico-cultural, sendo – na acepção de Peter Häberle – fruto do trabalho de diversas gerações e da humanidade como um todo.[32] Tal

---

[28] Cf. LOUREIRO, João. O direito à identidade genética do ser humano, in: *Portugal-Brasil*. Ano 2000, Boletim da Faculdade de Direito, Coimbra: Coimbra Editora, 1999, p. 281.

[29] Cf. HABERMAS, Jürgen. *Die Zukunft der menschlichen Natur*. Auf dem Weg zu einer liberalen Eugenik? Frankfurt am Main: Suhrkamp, 1987, p. 62 e ss.

[30] Idem, ibidem, p. 65.

[31] Cf. HOFMANN, Hasso. Die versprochene Menschenwürde, in: *Archiv des Öffentlichen Rechts* (*AöR*), nº 118, 1993, p. 364, posicionando-se – ao sustentar que a dignidade, na condição de conceito jurídico, assume feições de um conceito eminentemente comunicativo e relacional – no sentido de que a dignidade da pessoa humana não poderá ser destacada de uma comunidade concreta e determinada onde se manifesta e é reconhecida. No mesmo sentido, reconhecendo que a dignidade também assume a condição de conceito de comunicação, v., no âmbito da doutrina lusitana, a referência de MACHADO, Jonatas. *Liberdade de Expressão*. Dimensões Constitucionais da Esfera Pública no Sistema Social, Coimbra: Coimbra Editora, 2002, p. 360.

[32] Cf. HÄBERLE, Peter. Die Menschenwürde als Grundlage der staatlichen Gemeinschaft, in: Josef Isensee; Paul Kirchhof (orgs.). *Handbuch des Staatsrechts der Bundesrepublik Deutschland*, v. I, Heidelberg: C. F. Müller, 1987, p. 860, destacando-se que a despeito da referida dimensão cultural, a dignidade da pessoa mantém sempre sua condição de valor próprio, inerente a cada pessoa humana, podendo falar-se assim de uma espécie de "constante antropológica", de tal sorte que a dignidade possui apenas uma dimensão cultural relativa (no sentido de estar situada num contexto cultural), apresentando sempre também traços tendencialmente universais (ob. cit., p. 842-843).

linha de aproximação (histórico-cultural) foi recepcionada por expressiva jurisprudência constitucional, destacando-se aqui precedente do Tribunal Constitucional de Portugal, que, no âmbito do Acórdão n° 90-105-2, de 29.03.1990, assentou que "a ideia de dignidade da pessoa humana, no seu conteúdo concreto – nas exigências ou corolários em que se desmultiplica – não é algo puramente apriorístico, mas que necessariamente tem de concretizar-se histórico-culturalmente".[33][34]

Para além das dimensões já apresentadas e em diálogo com as mesmas, indispensável compreender – até mesmo pela relevância de tal aspecto para os direitos e deveres humanos e fundamentais – que a dignidade possui uma dimensão dúplice, que se manifesta por estar em causa simultaneamente a expressão da autonomia da pessoa humana (vinculada à ideia de autodeterminação no que diz com as decisões a respeito da própria existência), bem como da necessidade de sua proteção (assistência) por parte da comunidade e do Estado, especialmente – mas não exclusivamente! – quando fragilizada ou até mesmo – e principalmente – quando ausente a capacidade de autodeterminação.[35] Tal concepção guarda sinergia também com a doutrina de Dworkin,[36] que parte do pressuposto de que a dignidade possui "tanto uma voz ativa quanto uma voz passiva e que ambas encontram-se conectadas", de tal sorte que é no valor intrínseco (na "santidade e inviolabilidade") da vida humana (de todo e qualquer ser

---

[33] Acórdão n° 90-105-2, de 29.03.90, Relator Bravo Serra, onde, para além do aspecto já referido, entendeu-se ser do legislador "sobretudo quando, na comunidade jurídica, haja de reconhecer-se e admitir-se como legítimo um pluralismo mundividencial ou de concepções" a tarefa precípua de "em cada momento histórico, 'ler', traduzir e verter no correspondente ordenamento aquilo que nesse momento são as decorrências, implicações ou exigências dos princípios 'abertos' da Constituição". Na literatura, v. por todos MIRANDA, Jorge. *Manual de Direito Constitucional*, vol. IV, op. cit., p. 200.

[34] Para uma exploração da concepção multidimensional de Sarlet, aberta e inclusiva, expressamente afinada com as diversidades culurais, vide WEINGARTNER NETO, Jayme. "O que é ser Charlie para a minoria religiosa?", In: BERTOLDI, Márcia Rodrigues *et al.* (orgs.). *A dignidade da pessoa humana como ponte intercultural para proteger vidas e harmonizar liberdades em tempos de cólera*. Direitos fundamentais e vulnerabilidade social: em homenagem ao professor Ingo Wolfgang Sarlet. Porto Alegre: Livraria do Advogado, 2016, p. 149-69.

[35] Cf., dentre tantos, KOPPERNOCK, Martin. *Das Grundrecht auf bioethische Selbstbestimmung*. Baden-Baden: Nomos, 1997, p. 19-20, salientando – na esteira de outros doutrinadores, que mesmo presente, em sua plenitude, a autonomia da vontade (dignidade como capacidade de autodeterminação) esta poderá ser relativizada em face da dignidade na sua dimensão assistencial (protetiva), já que, em determinadas circunstâncias, nem mesmo o livre consentimento autoriza determinados procedimentos, tal como ocorre, v.g., com a extração de todos os dentes de um paciente sem qualquer tipo de indicação médica, especialmente quando o consentimento estiver fundado na ignorância técnica. Até que ponto, nesta e em outras hipóteses até mesmo mais gravosas, é possível falar na presença de uma plena autonomia, é, de resto, aspecto que refoge ao âmbito destas considerações, mas que, nem por isso, deixa de merecer a devida atenção.

[36] Cf. DWORKIN, Ronald. *El Dominio de la Vida*. Una Discusión acerca del Aborto, la Eutanasia y la Libertad Individual, Barcelona: Ariel, 1998, p. 306-307.

Constituição e Direito Penal – TEMAS ATUAIS E POLÊMICOS

humano) que encontramos a explicação para o fato de que mesmo aquele que já perdeu a consciência da própria dignidade merece tê-la (sua dignidade) considerada e respeitada.[37]

Tal dimensão, por sua vez, guarda relação com a distinção que costuma ser traçada entre as noções de dignidade-autonomia e dignidade-heteronomia, por vezes mesmo postas em relação de conflito entre si.[38] Com efeito, embora especialmente na tradição kantiana, a dignidade da pessoa humana signifique, em primeira linha, que o ser humano é dotado de razão e por isso capaz de agir e de se autodeterminar, inclusive quanto ao que considera como sendo correspondente à sua própria dignidade (a autonomia, de certo modo, se confunde com a dignidade), a dignidade-heteronomia significa que a noção de dignidade (e as consequências daí extraídas) é também determinada por terceiros, inclusive e em especial pelo Estado, como, por exemplo, nas situações em que se busca proteger o indivíduo de si mesmo (por mais que se cuide de matéria controversa, como bem dá conta a discussão sobre a proibição da prostituição ou de determinadas práticas) ou quando, na ausência ou grave limitação pessoal, outros decidem sobre o destino de alguém, como ocorre nas hipóteses de eutanásia, apenas para ilustrar.

Também (mas não apenas) neste contexto assume particular relevância a constatação de que a dignidade da pessoa humana é simultaneamente limite e tarefa dos poderes estatais e da comunidade em geral (portanto, de todos e de cada um),[39] condição dúplice esta que também aponta para uma paralela e conexa dimensão (em particular no que diz com a perspectiva jurídico-constitucional) defensiva e prestacional da dignidade, ainda mais evidente quando se cuida de identificar a conexão entre a dignidade da pessoa humana e os direitos e garantias fundamentais, o que será objeto de maior atenção logo adiante, quando da identificação de alguns exemplos extraídos da jurisprudência constitucional brasileira.

---

[37] Cf. DWORKIN, Ronald. *El Dominio de la Vida*. Una discusión acerca del aborto, la eutanasia y la libertad individual, Barcelona: Ariel, 1998, p. 306-309. Sobre a distinção (autonomia), mas mesmo assim íntima conexão entre dignidade e da vida (pois dignidade e vida, como princípios e direitos fundamentais, referem-se, em primeira linha, à pessoa humana, sendo esta o elo comum) bem como a respeito das relações entre ambos os valores, v. especialmente os desenvolvimentos de KLOEPFER, Michael. Leben und Würde des Menschen. In: *Festschrift 50 Jahre Bundesverfassungsgericht*, Tübingen: J. C. Mohr (Paul Siebeck), 2001, especialmente p. 78 e ss.

[38] Cf., por todos, BARROSO, Luís Roberto; MARTEL, Leticia de Campos Velho. A morte como ela é: dignidade e autonomia individual no final da vida. In: GOZZO, Débora e LIGIERA, Wilson Ricardo (orgs.). *Bioética e Direitos Fundamentais*. São Paulo: Saraiva, 2012, p. 48 e ss.

[39] Cf., por todos, PODLECH, Adalbert. Anmerkungen zu Art. 1 Abs. I Grundgesetz. In: WASSERMANN, Rudolf (org.). *Kommentar zum Grundgesetz für die Bundesrepublik Deutschland* (Alternativ Kommentar), vol. I, 2ª ed. Neuwied: Luchterhand, 1989, p. 280-281.

1.3. Dignidade na Constituição de 1988

1.3.1. Fundamento e tarefa do Estado Democrático de Direito

Ao examinar o *status* jurídico-normativo da dignidade da pessoa humana no âmbito de nosso ordenamento constitucional, verifica-se que, no Brasil, diversamente de outras ordens jurídicas onde nem sempre houve clareza quanto ao seu correto enquadramento,[40] o constituinte de 1988 preferiu não incluir a dignidade da pessoa humana no rol dos direitos e garantias fundamentais, guindando-a, consoante já frisado, à condição de princípio (e valor) fundamental (artigo 1°, inciso III, da CF), muito embora a inclusão – no que diz com a terminologia adotada pela CF – no Título dos princípios fundamentais, não afasta a circunstância de que a dignidade, em diversas situações, no campo do Direito, atua como regra jurídica, em outras palavras, como fundamento de regras jurídicas, como é o caso, por exemplo, da proibição da tortura, que será objeto de alguma atenção mais adiante.

Embora entendamos que a discussão em torno da qualificação da dignidade da pessoa como princípio ou direito fundamental não deva ser superestimada, já que não se trata de conceitos necessariamente antitéticos e reciprocamente excludentes (não só, mas também, pelo fato de que as próprias normas de direitos fundamentais igualmente assumem a dúplice condição de princípios e regras[41]), comungamos do entendimento de que, além de os direitos fundamentais expressamente consagrados na Constituição encontrarem – pelo menos em grande parte – seu fundamento na dignidade da pessoa humana, também é

---

[40] Assim ocorre, por exemplo, na Alemanha, onde, inexistindo título autônomo para os princípios fundamentais, a dignidade da pessoa humana consta no catálogo dos direitos fundamentais (art. 1°, inc. I), sendo considerada – de acordo com a doutrina majoritária e jurisprudência constitucionais – simultaneamente um direito fundamental e um princípio fundamental da ordem de valores objetiva, havendo, contudo, quem negue o caráter de direito fundamental da dignidade da pessoa humana. Sobre esta discussão, que aqui deixaremos de aprofundar, v., dentre tantos, STERN, Klaus. *Das Staatsrechtt der Bundesrepublik Deutschland*, vol. III/1, München: C. H. Beck, 1988, p. 22 e ss. Assim também ZIPPELIUS, Theodor Maunz- Reinhold. *Deutsches Staatsrecht*. 29ª ed. München: C. H. Beck, 1994, p. 180, e GEDDERT-STEINACHER, Tatjana. *Menschenwürde als Verfassungsbegriff*. Berlin: Duncker & Humblot, 1990, p. 164 e ss. HÖFLING, Wollfram. Anmerkungen zu Art. 1 Abs 3 Grundgesetz. In: SACHS Michael (org.). *Grundgesetz – kommentar*, München: C. H. Beck, 1996, p. 102. DREIER, Horst. Anmerkungen zu Art. 1 I GG, In: DREIER, Horst (org.). *Grundgesetz Kommentar*, vol. I, Tübingen: Mohr Siebeck, 1996, p. 117-119, STARCK, Christian. In: *Bonner Grundgesetz*, p. 47-9, bem como SACHS, Michael. *Verfassungsrecht II. Grundrechte*, Berlin-Heidelberg-New York: Springer-Verlag, 2000, p. 171 e ss.

[41] Sobre o caráter dúplice (princípio e regra) das normas de direitos fundamentais, v. ALEXY, Robert. *Theorie der Grundrechte*, 2. Aufl., Frankfurt am Main: Suhrkamp, 1994, p. 71 e ss. No Brasil, v., por último, destacando tal característica também para a dignidade da pessoa humana, SILVA, Virgílio Afonso da. *Direitos Fundamentais. Conteúdo Essencial, Restrições e Eficácia*. São Paulo: Malheiros, 2009, p. 183 e ss.

possível reconhecer que do próprio princípio da dignidade da pessoa podem e até mesmo devem ser deduzidas posições jusfundamentais (direitos e deveres), ainda que não expressamente positivados, de tal sorte que, neste sentido, é possível aceitar que se trata de uma norma de direito fundamental, muito embora daí não decorra, pelo menos não necessariamente, a existência de um direito fundamental à dignidade.[42] Tal aspecto, aliás, chegou a ser objeto de lúcida referência feita pelo Tribunal Federal Constitucional da Alemanha, ao considerar que a dignidade da pessoa não poderá ser negada a qualquer ser humano, muito embora seja violável a pretensão de respeito e proteção que dela (da dignidade) decorre.[43] Assim, quando se fala em um direito à dignidade, se está, em verdade, a considerar o direito ao reconhecimento, respeito, proteção e até mesmo promoção e desenvolvimento da dignidade, sem prejuízo de outros sentidos que se possa atribuir aos direitos fundamentais relativos à dignidade da pessoa.

Num primeiro momento – convém frisá-lo –, a qualificação da dignidade da pessoa humana como princípio fundamental traduz a certeza de que o artigo 1º, inciso III, da CF, não contém apenas (embora também e acima de tudo) uma declaração de conteúdo ético e moral, mas que constitui norma jurídico-positiva dotada, em sua plenitude, de *status* constitucional formal e material e, como tal, inequivocamente dotado de eficácia e aplicabilidade, alcançando, portanto, a condição de valor jurídico fundamental da comunidade.[44] Neste contexto, na sua qualidade de princípio fundamental, a dignidade da pessoa humana constitui valor-guia não apenas dos direitos fundamentais (embora com os direitos não se confunda, em toda sua extensão), mas de toda a ordem jurídica (constitucional e infraconstitucional), razão pela qual, para muitos, se justifica plenamente sua caracterização como princípio constitucional de maior hierarquia axiológico-valorativa (*höchstes wertsetzendes Verfassungsprinzip*).[45] Na formulação de

---

[42] Cf. sustenta, entre outros, MAURER, Béatrice. "Notes sur le respect de la dignité humaine... ou Petite Fugue Inacheveé Autour d'um Théme Central". In: SÉRIEUX, Alain *et al. Le Droit, Le Medicine et L'être Humain*. Aix-Em-Provence: Presses Universitaires D'Aix-Marseille, 1996, p. 207.

[43] Cf., por exemplo, *BverfGE* 87, 209 (228), citado por DREIER, Horst. Art. 1 I GG. In: ——. (org.). *Grundgesetz Kommentar*, vol. I. Tübingen: Mohr Siebeck, 1996, p. 120, referindo que mesmo o torturado e o perseguido não perdem a sua dignidade, ainda que esta tenha sido violada.

[44] Cf. BENDA, Ernst. Menschenwürde und Persönlichkeitsrecht. In: Benda-Maihofer-Vogel (org.). *Handbuch des Verfassungsrechts der Bundesrepublik Deutschland*, vol. I, 2ª ed., Berlin-New York: Walter de Gruyter, 1994, p. 164, lição esta que – embora voltada ao art. 1º da Lei Fundamental da Alemanha – revela-se perfeitamente compatível com a posição outorgada pelo nosso Constituinte de 1988 ao princípio da dignidade da pessoa humana.

[45] Cf. STERN, Klaus. *Das Staatsrecht der Bundesrepublik Deutschland, III/1*. München: C. H. Beck, 1988, p. 23, sem que aqui se vá explorar a controvérsia em torno da relação entre o valor da vida humana e a dignidade da pessoa, já que não faltam os que sustentam a prevalência da primeira.

Jorge Miranda, que igualmente se manifestou sobre o tópico, trata-se de um "princípio axiológico fundamental" que ao mesmo tempo opera como "limite transcendente do poder constituinte".[46]

Voltando-nos ao direito brasileiro, no qual, em termos gerais, a doutrina tem aderido à noção de que a dignidade cumpre a função de valor-fonte da ordem jurídica,[47] verifica-se, já na esfera do reconhecimento jurisprudencial, que também o STF tem seguido esta linha de entendimento, sublinhando, reiteradamente, que a dignidade da pessoa humana constitui "verdadeiro valor-fonte que conforma e inspira todo o ordenamento constitucional vigente em nosso País e que traduz, de modo expressivo, um dos fundamentos em que se assenta, entre nós, a ordem republicana e democrática consagrada pelo sistema de direito constitucional positivo".[48]

Não sendo o caso de aqui discorrer sobre a distinção entre princípios e regras, na condição de espécies do gênero norma jurídica, mas apenas assumindo que, considerados determinados critérios, há como aceitar – em linhas gerais – como correta (a despeito de importantes dissídios envolvendo a conceituação e aplicação de cada categoria) tal classificação das normas jurídicas, o que importa para a finalidade deste breve ensaio, é que se deixe devidamente consignado, que tanto na esfera doutrinária quando jurisprudencial, com ênfase aqui na prática decisória hoje prevalente no STF, o caráter jurídico-normativo da dignidade da pessoa humana e, portanto, o reconhecimento de sua plena eficácia na ordem jurídico-constitucional, está longe de encontrar um adequado equacionamento. Com relação às críticas – já referidas – de que a opção pelo enquadramento como princípio fundamental importaria em reduzir a amplitude e magnitude da noção de dignidade da pessoa, vale lembrar o que, de resto, nos parece que o reconhecimento da condição normativa da dignidade, assumindo feição de princípio (e até mesmo como regra) constitucional fundamental, não afasta o seu papel como valor fundamental geral para toda a ordem jurídica (e não apenas para esta), mas, pelo contrário, outorga a este valor uma maior pretensão de eficácia e efetividade.

Em face dessas premissas, ainda que sumariamente expostas e carentes de amplo desenvolvimento e discussão, e tendo presente sempre e acima de tudo o caráter normativo e, portanto, vinculante, da dignidade da pessoa humana (como princípio e valor fundamental

---

[46] Cf. MIRANDA, Jorge. *Manual de Direito Constitucional*, vol. IV, op. cit., p. 200.

[47] Cf., por todos, SARLET, Ingo W. *Dignidade da Pessoa Humana e Direitos Fundamentais na Constituição Federal de 1988*, op. cit., p. 76 e ss.

[48] Cf., em caráter meramente ilustrativo, se extrai da ementa do Acórdão proferido no HV 87.676/ ES, relatado pelo Ministro Cezar Peluso, julgado em 06.05.2008 .

Constituição e Direito Penal – TEMAS ATUAIS E POLÊMICOS

da ordem jurídica), condição da qual decorrem importantes consequências diretamente ligadas ao problema da sua eficácia e efetividade, passaremos a enfrentar alguns aspectos específicos, notadamente no que diz com as funções exercidas pela dignidade da pessoa humana na ordem jurídico-constitucional brasileira, de modo especial no concernente ao seu vínculo com as normas definidoras de direitos e garantias fundamentais.

Precisamente entre as funções exercidas pelo princípio fundamental da dignidade da pessoa humana, destaca-se, pela sua magnitude, o fato de ser simultaneamente elemento que confere unidade de sentido e legitimidade a uma determinada ordem constitucional, constituindo-se, de acordo com a significativa fórmula de Haverkate, no "ponto de Arquimedes do estado constitucional".[49] Como bem o lembrou Jorge Miranda, representando expressiva parcela da doutrina constitucional contemporânea, a Constituição, a despeito de seu caráter compromissário, confere uma unidade de sentido, de valor e de concordância prática ao sistema de direitos fundamentais, que, por sua vez, repousa na dignidade da pessoa humana, isto é, na concepção que faz da pessoa fundamento e fim da sociedade e do Estado,[50] razão pela qual se chegou a afirmar que o princípio da dignidade humana atua – e aqui de fato é sua condição de princípio e sua dimensão objetiva que assumem papel de destaque – como o "alfa e ômega" do sistema das liberdades constitucionais e, portanto, dos direitos fundamentais.[51] Nesta mesma linha de entendimento e fazendo coro com Jorge Reis Novais, no momento em que a dignidade é guindada à condição de princípio constitucional estruturante e fundamento do Estado Democrático de Direito, é o Estado que passa a servir como instrumento para a garantia e promoção da dignidade das pessoas individual e coletivamente consideradas.[52]

Se, por um lado, consideramos que há como discutir – especialmente à vista do direito constitucional brasileiro – a afirmação de que

---

[49] Cf. HAVERKATE, Görg. *Verfassungslehre. Verfassung als Gegenseitigkeitsordnung*. München: C. H. Beck, 1992, p. 142.

[50] Cf. MIRANDA, Jorge. *Manual de Direito Constitucional*, vol. IV, op. cit., p. 197. No mesmo sentido, v. ANDRADE, José Carlos Vieira de. *Os Direitos Fundamentais na Constituição Portuguesa de 1976*. Coimbra: Almedina, 1987, p. 101, referindo que os preceitos relativos aos direitos fundamentais "não se justificam isoladamente pela protecção de bens jurídicos avulsos, só ganham sentido enquanto ordem que manifesta o respeito pela unidade existencial de sentido que cada homem é para além de seus actos e atributos".

[51] Cf. DELPÉRÉE, Francis. O direito à dignidade humana. In: BARROS, Sérgio Resende de; ZILVETE, Fernando Aurélio (Coords.). *Direito Constitucional* – Estudos em Homenagem a Manoel Gonçalves Ferreira Filho. São Paulo: Dialética, 1999, p 161.

[52] Cf. NOVAIS, Jorge Reis. *Os princípios estruturantes da República Portuguesa*. Coimbra: Coimbra Editora, 2004, p. 52.

todos os direitos e garantias fundamentais encontram seu fundamento direto, imediato e igual na dignidade da pessoa humana, do qual os direitos seriam "meras" concretizações,[53] constata-se, de outra parte, que os direitos e garantias fundamentais podem, em regra, ainda que de modo e intensidade variáveis, ser reconduzidos de alguma forma à noção de dignidade da pessoa humana, já que todos remontam à ideia de proteção e desenvolvimento das pessoas, de todas as pessoas, como bem destaca Jorge Miranda.[54] Mesmo que se deva – nesta linha de entendimento – admitir que o princípio da dignidade da pessoa humana atua como elemento informador de todos os direitos e garantias fundamentais (ainda que nem todos os direitos fundamentais encontrem fundamento direto na dignidade da pessoa humana) também da Constituição de 1988 – também é certo que haverá de se reconhecer um espectro amplo e diversificado no que diz com a intensidade desta vinculação entre os direitos fundamentais e a dignidade da pessoa humana.[55] Tal diversidade se manifesta tanto quando que está em causa a função da dignidade como fundamento dos direitos,

---

[53] Cf., por exemplo, FARIAS, Edilsom Pereira de. *Colisão de Direitos. A honra, a Intimidade, a Vida Privada e a Imagem versus a Liberdade de Expressão e Informação.* Porto Alegre: Fabris, 1996, p. 54. Quanto a este ponto, reitera-se aqui uma particular reserva em relação ao argumento de que todos os direitos fundamentais positivados na Constituição de 1988 podem ser reconduzidos diretamente e de modo igual ao princípio da dignidade da pessoa humana, seja pela extensão do catálogo de direitos e garantias consagrado pela Constituição Brasileira, seja pelas peculiaridades de algumas normas de direitos fundamentais, tal como ocorre com as regras sobre prescrição em matéria de direito do trabalho, a gratificação natalina (13ª salário), o dispositivo que impõe o registro dos estatutos dos partidos políticos junto ao TSE (art. 17 da Constituição de 1988), etc. Neste mesmo contexto, cabe referir importante decisão do Tribunal Constitucional da Espanha, citada por MARTÍNEZ, Miguel Angel Alegre. *La dignidad de la persona como fundamento del ordenamiento constitucional español.* León: Universidad de León, 1996, p. 47-48, onde, para além de reconhecer que a dignidade da pessoa representa um mínimo invulnerável que toda a ordem jurídica dever assegurar, a Corte Constitucional Espanhola sinalou que isto não significa que todo e qualquer direito fundamental possa ser considerado como inerente à dignidade da pessoa, nem que todos os direitos qualificados como fundamentais sejam integralmente condições essenciais e imprescindíveis para a efetiva incolumidade da dignidade pessoal. No âmbito da doutrina italiana, BARTOLOMEI, Franco. *La dignità umana come concetto e valore constituzionale.* Torino: G. Giappichelli, 1987, p. 14, refere que a afirmação de um princípio geral de tutela da dignidade humana não importa, todavia, que todos os direitos individualmente considerados possam ser reconduzidos a um único direito. De resto, O entendimento de que todos os direitos fundamentais são diretamente fundados na dignidade da pessoa seria sustentável apenas em se partindo de um conceito exclusivamente material de direitos fundamentais, considerando como tais unicamente os que puderem encontrar seu fundamento direto na dignidade, concepção esta que, todavia não harmoniza com a Constituição Federal de 1988.

[54] Cf. MIRANDA, Jorge. *Manual de Direito Constitucional.* vol. IV, 3ª ed. Coimbra: Coimbra Editora, 2000, p. 181. Também STERN, Klaus. *Das Staatsrecht der Bundesrepublik Deutschland.*, vol. III/1, München: C. H. Beck, 1988, p. 33, leciona que o princípio da dignidade da pessoa humana constitui fundamento de todo o sistema dos direitos fundamentais, no sentido de que estes constituem exigências, concretizações e desdobramentos da dignidade da pessoa e que com base neste devem (os direitos fundamentais) ser interpretados.

[55] Cf., por todos, ANDRADE, José Carlos Vieira de. *Os Direitos Fundamentais na Constituição Portuguesa de 1976.* Coimbra: Almedina, 1987, p. 101-2.

Constituição e Direito Penal – TEMAS ATUAIS E POLÉMICOS

quanto no que diz respeito à sua função como integrando o conteúdo dos direitos (em ambos os casos, parece-nos, a discussão diz respeito ao "se" e ao "em que medida"), não sendo à toa que ambas as funções (dignidade como fundamento e como conteúdo dos direitos) tenham sido tão destacadas, embora ainda tão carentes de maior aprofundamento e lapidação.[56]

Também neste contexto, verifica-se que a dignidade da pessoa humana é figura amplamente presente no processo decisório judicial, inclusive (cada vez mais) no âmbito da jurisprudência do STF, na qual a dignidade atua como critério de interpretação e aplicação do direito constitucional, com particular destaque para casos envolvendo a proteção e promoção dos direitos fundamentais, o que, aliás, será objeto de demonstração mais detalhada, embora não exaustiva, logo adiante. Com efeito, dentre as diversas possibilidades no que diz com o recurso à dignidade da pessoa humana por parte do STF, destaca-se a sua relevância para a (re) construção de um conceito material de direitos fundamentais, notadamente para efeitos da interpretação do sentido e alcance da noção de abertura material do catálogo constitucional de direitos, o que constitui o objeto do próximo tópico.

1.3.2. Abertura material dos direitos e garantias fundamentais

Um dos setores em que se manifesta a importância da dignidade da pessoa humana na ordem constitucional, designadamente na sua conexão com os direitos fundamentais, diz com sua função como critério para a construção de um conceito materialmente aberto de direitos fundamentais. Com efeito, não é demais relembrar que a Constituição de 1988, na esteira da evolução constitucional desde a proclamação da República (1889, seguida da primeira Constituição Federal e Republicana de 1891) e amparada no espírito da IX emenda da Constituição norte-americana, consagrou a ideia da abertura material do catálogo constitucional dos direitos e garantias fundamentais. Em outras palavras, isso quer dizer que para além daqueles direitos e garantias expressamente reconhecidos como tais pelo Constituinte existem direitos fundamentais assegurados em outras partes do texto constitucional (fora do Título II), assim como integram o sistema constitucional os direitos positivados nos tratados internacionais em matéria de direitos humanos. Além disso, ainda de acordo com a expressa dicção do artigo 5º, § 2º, da CF, foi chancelada a existência de direitos

---

[56] Cf., sobre tal dupla função da dignidade, WALDRON, Jeremy. Dignity and Rank. In: *European Journal of Sociology* (2007). p. 203-4.

(ainda que não direta e expressamente previstos no texto constitucional) decorrentes do regime e dos princípios da Constituição, noção que abarca – embora para tal efeito se possa (há quem o sustente) até dispensar uma cláusula expressa de abertura – a revelação de direitos fundamentais implícitos, subentendidos naqueles expressamente positivados.[57] Assim, perceptível que a abertura a direitos não previstos expressamente no texto originário da Constituição guarda relação, embora sem que se possa falar aqui em integral superposição, com a noção de um constitucionalismo cumulativo em matéria de direitos e garantias,[58] notadamente no que diz respeito ao fato de que aos primeiros direitos civis e políticos, somaram-se os direitos socioambientais e culturais, tudo a desembocar, no que se pode designar – a exemplo do que sugeriu Carlos Ayres Britto – de um *Estado de Direitos*.[59]

Nesta quadra, um dos maiores desafios para quem se ocupa do estudo da abertura material do catálogo de direitos e garantias é justamente o de identificar quais os critérios que poderão servir de fundamento para a localização daquelas posições jurídico-fundamentais, como tais não expressamente designadas pelo Constituinte, mas que ainda assim integram o catálogo constitucional de direitos fundamentais, desnecessário aprofundar a noção de que a dificuldade varia de acordo com o caso específico em exame. Certo é que a tarefa de identificar (e, acima de tudo, justificar esta opção) posições fundamentais em outras partes da Constituição, bem como a possibilidade de reconhecer a existência de direitos fundamentais implícitos e/ou autonomamente desenvolvidos a partir do regime e dos princípios da Constituição, passa necessariamente pela construção de um conceito material de direitos fundamentais, conceito que, por sua vez, dialoga fortemente com a noção de dignidade da pessoa humana.

Assim, numa primeira aproximação, se com relação às normas de direitos fundamentais integrantes do Título II (Dos Direitos e Garantias Fundamentais) se admite a existência de uma presunção de que sejam normas constitucionais (e fundamentais) em sentido

---

[57] Sobre o sentido e significado do artigo 5º, § 2º, da Constituição Federal de 1988, bem como a respeito da classificação dos direitos e garantias fundamentais a partir deste preceito, v. SARLET, Ingo W. *A Eficácia dos Direitos Fundamentais. Uma teoria Geral dos Direitos Fundamentais na Perspectiva Constitucional*. 10ª ed. Porto Alegre: Livraria do Advogado, 2009, p. 78 e ss.

[58] Abertura que também pode e deve significar disposição de diálogo com a experiência constitucional sedimentada por cortes estrangeiras – cf. RAMIRES, Maurício. *Diálogo judicial internacional*: o uso da jurisprudência estrangeira pela justiça constitucional. Rio de Janeiro: Lumen Juris, 2016.

[59] Cf. BRITTO, Carlos Ayres. *O Humanismo como Categoria Constitucional*, op. cit., especialmente p. 22-23.

Constituição e Direito Penal – TEMAS ATUAIS E POLÊMICOS

material,[60] no que diz com a identificação e fundamentação de direitos implícitos ou positivados em outras partes da Constituição, não se poderá dispensar um exame acurado no sentido de que sejam guindadas à condição de direitos fundamentais (compartilhando, de tal sorte, do regime reforçado de tais direitos na ordem constitucional) apenas posições jurídicas implícita ou expressamente consagradas, e que efetivamente sejam de tal sorte relevantes no que diz com seu conteúdo e significado, a ponto de merecerem o *status* de direitos fundamentais, em sentido material e formal, ou mesmo apenas material, quando for este o caso.

Levando, contudo, em conta que – de modo especial em face do elevado grau de indeterminação e cunho polissêmico do princípio e da própria noção de dignidade da pessoa – com algum esforço argumentativo, tudo o que consta no texto constitucional pode – ao menos de forma indireta – ser reconduzido ao valor da dignidade da pessoa, convém alertar que não é, à evidência, neste sentido que este princípio fundamental deverá ser manejado na condição de elemento integrante de uma concepção material de direitos fundamentais, pois, se assim fosse, toda e qualquer posição jurídica estranha ao catálogo poderia (em face de um suposto conteúdo de dignidade da pessoa humana), seguindo a mesma linha de raciocínio, ser guindada à condição de materialmente fundamental. O que se pretende demonstrar, neste contexto, é que o princípio da dignidade da pessoa humana assume posição de destaque, servindo como diretriz material tanto para a fundamentação de direitos implícitos (no sentido de posições jusfundamentais de cunho defensivo e/ou prestacional subentendidas nos direitos e garantias fundamentais da Constituição), quanto – e, de modo especial – para a identificação de direitos sediados em outras partes da Constituição. Cuida-se, em verdade, de critério basilar, mas não exclusivo, já que em diversos casos outros referenciais podem ser utilizados (como, por exemplo, o direito à vida e à saúde na hipótese do meio ambiente, ou mesmo a ampla defesa e os recursos a ela inerentes, no caso da fundamentação das decisões judiciais e administrativas). O que se pretende enfatizar é que sempre que se puder detectar, mesmo para além de outros critérios que possam incidir na

---

[60] A respeito da ausência de identidade entre a constituição formal e material, mas reconhecendo, na esteira da doutrina majoritária, a necessidade de se presumir a materialidade constitucional (e fundamental) das normas inseridas na Constituição formal, v. a lição de MIRANDA, Jorge. *Manual de Direito Constitucional*, vol. II, 2ª ed. Coimbra: Coimbra Editora, 1988, p. 40 e ss., sustentando, ainda (*Manual de Direito Constitucional,* vol. IV, op. cit., p. 9 e ss.), coerente com a linha de pensamento adotada, que os direitos fundamentais formalmente consagrados na Constituição também o são em sentido material, embora existam outros direitos fundamentais para além dos direitos expressamente positivados.

espécie, que estamos diante de uma posição jurídica diretamente embasada e relacionada (no sentido de essencial à sua proteção) à dignidade da pessoa, inequivocamente estaremos diante de uma norma de direito fundamental, sem desconsiderar a evidência de que tal tarefa não prescinde do acurado exame de cada caso. Em outras palavras, sempre que a violação de um direito (seja ele expressa, seja ele implicitamente positivado) resultar em violação da dignidade da pessoa humana e de suas dimensões essenciais já apresentadas, se estará em face de um direito fundamental.

Ainda nesse contexto, muito embora não se possa falar de um limite previamente definido no que diz com a identificação de direitos fundamentais implícitos ou positivados em outras partes da Constituição, também é correto afirmar que tal atividade reclama a devida cautela por parte do intérprete (já que de atividade hermenêutica se cuida), notadamente pelo fato de estar-se ampliando o elenco de direitos fundamentais da Constituição com as consequências práticas a serem extraídas, não se devendo, ademais, desconsiderar o risco – a exemplo do que já foi referido com relação à própria dignidade – de uma eventual desvalorização dos direitos fundamentais, já apontada por parte da doutrina.[61]

No que diz com a experiência brasileira e limitando-nos aqui, dado o enfoque do texto, ao ambiente penal, importa destacar o reconhecimento, pelo STF, de um direito à ressocialização do apenado, iluminado pela concepção de que ao preso há de ser assegurada a possibilidade de uma reinserção na vida social de modo livre e responsável (liberdade com responsabilidade), diretriz que, portanto, há de servir de parâmetro para a interpretação e aplicação da legislação em matéria de execução penal.[62]

Outro exemplo a ser colacionado, que tanto pode ser referido à noção de direitos implícitos e associado à própria dignidade da

---

[61] Referindo uma tendência para a panjusfundamentalização, no âmbito de uma inflação no campo do reconhecimento de novos direitos fundamentais, advertindo, neste contexto, para os riscos de uma banalização, v. o contributo de NABAIS, José Casalta. Algumas Reflexões Críticas sobre os Direitos Fundamentais. In: *AB VNO AD OMNES – 75 anos da Coimbra Editora*, Coimbra: Coimbra Editora, 1995, p. 980 e ss. Neste sentido também aponta RAWLS, John. *O Liberalismo Político*, 2ª ed. São Paulo: Ática, 2000, p. 350, sustentando a necessidade de limitar-se "as liberdades àquelas que são verdadeiramente essenciais", pena de correr-se o risco de uma fragilização da proteção das liberdades mais relevantes.

[62] Cf., dentre tantos, a decisão preferida no NC 94163, de 02.12.2008, relator Ministro Carlos A. Britto, onde, em apertada síntese, foi assentado que a fuga, embora interrompa o prazo de cumprimento da pena, não pode servir de fundamento para a desconsideração dos dias trabalhados pelo apenado e da respectiva remissão.

Constituição e Direito Penal – TEMAS ATUAIS E POLÊMICOS

pessoa humana,[63] quanto – e possivelmente com maior eficácia – pode ser reconduzida ao direito internacional dos direitos humanos, que, por força do já referido artigo 5°, § 2°, da CF, integra – quando se cuidar de tratados de direitos humanos ratificados pelo Brasil – o nosso catálogo de direitos fundamentais. Relembre-se aqui tanto o artigo 8°, n. 2, h, do Pacto de São José da Costa Rica[64] quanto o art. 14, n. 5, do Pacto Internacional de Direitos Civis e Políticos[65] que contemplam, ao menos em sede criminal, um direito ao duplo grau de jurisdição. Todavia, também é de se lembrar aqui que o STF, que, numa primeira fase, mesmo após o advento da CF e a ratificação dos tratados de DH referidos, vinha entendendo que o sistema jurídico brasileiro não agasalha, seja de modo implícito, seja mediante recurso aos documentos internacionais, a garantia de a pessoa condenada em esfera criminal recorrer da decisão para uma instância superior e independente,[66] passou, mais recentemente – pelo menos de acordo com o que se pode extrair de alguns julgados – a admitir um direito ao duplo grau de jurisdição em matéria criminal, inclusive mediante invocação dos tratados internacionais de DH que contemplam expressamente tal direito, muito embora tenha também estabelecido limites de duvidosa legitimidade constitucional em relação à aplicação do mesmo direito a determinadas situações,[67] o que, contudo, não é objeto de nossa análise.

---

[63] Cf. SARLET, Ingo, W. "Valor de alçada e limitação do acesso ao duplo grau de jurisdição: problematização em nível constitucional à luz de um conceito material de direitos fundamentais". In: *Revista da AJURIS* (Associação dos Juízes do Rio Grande do Sul), n° 66, 1996, p. 85 e ss. Por último, v. o ensaio de CASARA, Rubens R. R. "O Direito ao Duplo Grau de Jurisdição e a Constituição: Em busca de uma compreensão adequada". In: PRADO, Geraldo e MALAN, Diogo (Coords.). *Processo Penal e Democracia*. Estudos em Homenagem aos 20 Anos da Constituição da República de 1988, Rio de Janeiro: Lumen Juris, 2009, p. 495-510.

[64] Decreto Legislativo n° 27/1992 e Decreto Executivo n° 678/1992, que aprovam e promulgam a Convenção Americana sobre Direitos Humanos ou Pacto de São José da Costa Rica.

[65] Decreto Legislativo n° 226/1991 e Decreto Executivo n° 592/1992, que aprovam e promulgam o Pacto Internacional sobre Direitos Civis e Políticos.

[66] V., em caráter meramente ilustrativo, o AI 513044 AgR/SP, Relator Ministro Carlos Velloso, julgamento em 22.02.2005, DJ 08.04.2005, no sentido de que não há, no ordenamento jurídico--constitucional brasileiro, a garantia constitucional do duplo grau de jurisdição.

[67] V., por exemplo, o AI 601832 AgR/SP, Relator Ministro Joaquim Barbosa, julgamento em 17.03.2009, Segunda Turma, DJ 02.04.2009, que, embora em tese admitindo o duplo grau de jurisdição em matéria penal, sustentou não se tratar de princípio absoluto, visto se tratar, no caso julgado, de competência originária do Tribunal Regional Federal (condenação pela prática do crime previsto no art. 288 do Código Penal, crime de quadrilha, e consequente perda do cargo de Juiz Federal), sendo taxativas as hipóteses recursais constantes Constituição, dentre outros fundamentos esgrimidos pelo Relator. Reconhecendo o duplo grau de jurisdição em matéria penal, em combinação com o direito de apelar em liberdade, v. ainda o HC 88420/PR, Relator Ministro Ricardo Lewandowski, julgamento em 17.04.2007. Registra-se, por oportuno, que a Emenda Regimental n° 49/2014, muito no escopo de celeridade, transferiu do Plenário para as Turmas o julgamento de ações penais e inquéritos originários, destinados a apurar crimes aribuídos a autoridades com foro por prerrogativa de função no STF (Regimento Interno, art. 9°, alíneas "j" e "k"),

1.3.3. Direitos de defesa e a prestações, deveres de proteção

A dignidade da pessoa humana, na sua relação com os direitos e garantias fundamentais, acaba operando, ainda que de modo diversificado, tanto como fundamento (embora não de todos os direitos fundamentais) quanto como conteúdo (igualmente não de todos os direitos e não com a mesma intensidade) dos direitos fundamentais. Por outro lado, doutrina e jurisprudência majoritária (mas não uníssona, em especial no direito estrangeiro), também no que diz com a evolução jurídico-constitucional brasileira, reconhecem, conforme já averbado, que a dignidade da pessoa humana cumpre uma dupla função, atuando tanto como limite para a intervenção do Estado e de terceiros (inclusive, em determinados casos e observados certos pressupostos, para efeito da proteção da pessoa contra si mesma), quanto como tarefa, no sentido de gerar um dever jurídico de atuação em prol da proteção da dignidade contra o Estado e contra terceiros, mas em especial no concernente à promoção ativa da dignidade, notadamente criando condições que possibilitem o pleno exercício e fruição da dignidade, ainda mais naquilo em que o indivíduo necessita do concurso do Estado e /ou da comunidade para a realização e proteção de suas necessidades existenciais (e não apenas físicas) básicas.

No que diz com a sua função como limite negativo – na esteira do que bem apontam Karl-Heinz Ladeur e Ino Augsberg –, é possível reconhecer na dignidade da pessoa humana uma espécie de "Sinal de Pare", no sentido de uma barreira absoluta e intransponível (um limite) inclusive para os atores estatais, protegendo a individualidade e autonomia da pessoa contra qualquer tipo de interferência do Estado e da sociedade, de tal sorte a assegurar o papel do ser humano como sujeito de direitos.[68] Nesta perspectiva, a dignidade da pessoa humana assume a condição de direito de defesa, que tem por objeto a proibição de intervenção na esfera da liberdade pessoal de cada indivíduo e a salvaguarda da integridade física e psíquica de cada pessoa contra toda e qualquer ação estatal e particular. Já como fundamento de direitos subjetivos a prestações, a dignidade da pessoa humana guarda tanto uma relação de proximidade com a noção do mínimo existencial e dos direitos sociais considerados, em sentido mais restrito, como direitos a prestações materiais (ou fáticas), quanto com a noção de direitos a prestações em sentido amplo, que, na visão de Robert Alexy,

---

o que em tese aumenta o espaço para o duplo grau de jurisdição nas respectivas matérias, talvez em sede de embargos de competência do Plenário (RI, art. 6º, IV).

[68] Cf. LADEUR, Karl-Heinz; AUGSBERG, Ino. *Die Funktion der Menschenwürde im Verfassungstaat.* Tübingen: Mohr-Siebeck, 2008, p. 10-12.

abrangem também prestações de natureza não tipicamente social.[69] Nesse sentido, conveniente sublinhar, em caráter complementar, que da dupla função de proteção (e promoção) e de defesa segue também o dever de implantar medidas de precaução procedimentais e organizacionais, no sentido de evitar uma lesão da dignidade e dos direitos fundamentais, ou, quando isto não ocorrer, com o intuito de fazer cessar ou mesmo minimizar os efeitos das violações, inclusive assegurando a reparação do dano.[70] Por outro lado, imprescindível destacar que, também no que diz respeito ao seu conteúdo em dignidade da pessoa humana e mesmo quando em causa uma manifestação autônoma da dignidade da pessoa humana, todos os direitos fundamentais – tal qual a dignidade da pessoa – apresentam uma dupla face defensiva e prestacional, de modo que, já por tal razão se pode assumir como correta uma dogmática jurídico-constitucional unitária (um regime jurídico unificado) dos direitos fundamentais.[71]

A partir da perspectiva ora traçada e sem que se tenha a pretensão de inventariar, na sua integralidade, a diversificada e cada vez mais numerosa jurisprudência do STF invocando a dignidade da pessoa humana na sua relação com direitos fundamentais de caráter negativo e positivo, seguem alguns exemplos que oferecem um panorama suficientemente atualizado e abrangente.

Num primeiro grupo de decisões, poderiam ser enquadrados julgados que, embora sem exame deste aspecto, aplicam a dignidade da pessoa humana como regra impeditiva de determinadas condutas, com amplo destaque para a vedação (expressamente consagrada pela CF no artigo 5º, inciso III) da tortura e de qualquer tratamento desumano ou degradante (capítulo 3), que corresponde justamente à noção subjacente à fórmula-objeto acima referida e que define o que se pode considerar de conteúdo nuclear do âmbito de proteção da dignidade da pessoa humana, aqui operando como direito de defesa (negativo). Dentre os casos que merecem destaque, considerando a produção jurisprudencial posterior ao advento da atual CF, colaciona-se julgado relatado pelo Ministro Celso de Mello, no qual estava

---

[69] Sobre a classificação dos direitos fundamentais em direitos de defesa e direitos a prestações, v., para além de ALEXY, Robert. *Theorie der Grundrechte*, op. cit., p. 171 e ss. e p. 395 e ss. (aqui abordando os direitos a prestações em sentido amplo e estrito).

[70] Cf., por todos, RIXEN, Stephan. "Die Würde und Integrität des Menschen". In: HESELHAUS, Sebastian e NOWAK, Carsten (Ed.). *Handbuch der Europäischen Grundrechte*. München/Wien/Bern: C. H. Beck, Linde, Stampfli & Cie AG, 2006, p. 355.

[71] Cf. a posição já adotada por SARLET, Ingo W. *A Eficácia dos Direitos Fundamentais*, op. cit., desde a primeira edição (1998). Em Portugal, v., mais recentemente, adotando um regime jurídico único, NOVAIS, Jorge Reis. *Direitos Sociais. Teoria Jurídica dos Direitos Sociais enquanto Direitos Fundamentais*. Coimbra: Coimbra Editora, 2010.

em causa a prática de tortura contra criança e adolescente por parte de policiais, e onde restou consignada a absoluta vedação da tortura na ordem jurídico-constitucional brasileira, de acordo com orientação uníssona adotada pelo STF,[72] em sintonia, portanto, com a noção de que a dignidade da pessoa humana opera como limite jurídico intransponível, visto que faticamente violável. Da ementa da decisão colacionada, extrai-se a afirmação de que a tortura constitui "prática inaceitável de ofensa à dignidade da pessoa", além de se tratar de "negação arbitrária dos direitos humanos, pois reflete – enquanto prática ilegítima, imoral e abusiva – um inaceitável ensaio de atuação estatal tendente a asfixiar e, até mesmo, a suprimir a dignidade, a autonomia e a liberdade com que o indivíduo foi dotado, de maneira indisponível, pelo ordenamento positivo". Desta afirmação é possível extrair a conclusão de que – pelo menos no que diz com a posição veiculada nas decisões examinadas e ressalvado o exame de eventuais contradições – para o STF a dignidade da pessoa humana não está sujeita a qualquer tipo de restrição e renúncia, o que remete ao tormentoso tema a respeito do caráter absoluto da dignidade da pessoa humana – ao menos na perspectiva da proteção jurídica – e que aqui optamos por não desenvolver em virtude dos limites da presente abordagem.[73]

A mesma linha de entendimento, vinculada à negação de uma redução do ser humano a objeto da ação estatal, encontra-se explicitada em uma série de decisões do STF, como dá conta a controvertida Súmula vinculante n° 11, dispondo sobre a necessidade de fundamentação – por parte das autoridades policiais e judiciárias – da necessidade do uso de algemas (capítulo 4). Com efeito, sem que aqui se vá adentrar a discussão a respeito do acerto da opção pela edição de Súmula sobre esta matéria, o fato é que o que está em causa, ao fim e ao cabo, é coibir a humilhação da pessoa no âmbito da já suficientemente invasiva ação policial e jurisdicional peculiar ao processo criminal, além do reconhecimento, por parte do STF, de que a pessoa algemada se encontra mais facilmente submetida à ação de terceiros, sem prejuízo de outros aspectos que poderiam ser aqui colacionados. Que necessariamente há de ser reconhecida a nulidade absoluta do processo ou mesmo dos atos praticados em desrespeito ao enunciado do STF é aspecto que merece maior reflexão do que aqui poderá ser desenvolvida.

---

[72] Cf. HC n° 70.389-SP, relator Ministro Celso de Mello, publicado no DJ em 23.06 1994.

[73] A respeito da discussão sobre a possibilidade de restringir a dignidade da pessoa humana, na sua condição de princípio e norma que assegura direitos fundamentais, v., por todos, SARLET, Ingo W. *Dignidade da Pessoa Humana e Direitos Fundamentais na Constituição Federal de 1988*, op. cit., p. 135 e ss.

Diretamente relacionada com o problema da proibição de tratamento desumano e degradante está a imposição do cumprimento da pena de prisão em condições manifestamente indignas, situação muito frequente no sistema prisional brasileiro. Em outras palavras, o direito fundamental ao cumprimento da pena com um mínimo de dignidade (ou seja, em condições que não possam ser qualificadas de desumanas e degradantes) é outro direito ao qual se encontram associadas posições subjetivas negativas e positivas, além de deveres de proteção e promoção do Estado, por exemplo, a responsabilização do Estado e de seus agentes no campo da responsabilidade por omissão, da priorização de ações na esfera da administração do sistema prisional, dos reflexos de tais aspectos sobre as decisões do Poder Judiciário no que diz com a concessão de benefícios no âmbito da execução penal e até mesmo no concernente à influência de tais fatores (superlotação e condições desumanas na prisão) sobre decisões judiciais em matéria de prisão provisória e na fixação de penas privativas de liberdade, entre outros fatores que poderiam ser elencados e que têm sido objeto de acirrado debate e embate na esfera teórica e prática, com graves consequências para os cidadãos que são submetidos à prisão, mas também para a sociedade em geral, o que igualmente aqui não poderá ser aprofundado, mas que constitui um dos ambientes mais propícios (e dramáticos) para a consideração em concreto na noção de dignidade da pessoa humana como princípio, direito e dever.

Nessa linha, inclusive, menciona-se a decisão do Supremo Tribunal Federal, que, ao apreciar o pedido de liminar constante da ADPF 347 (09/09/2015), constatou, no sistema penitenciário brasileiro, a existência de um "estado de coisas inconstitucional", em razão da generalizada violação a direitos humanos. A Corte determinou, liminarmente, o implemento das audiências de custódia e a liberação das verbas do FUNPEN, bem como acolheu proposta do Ministro Luís Roberto Barroso para determinar à União e ao Estado de São Paulo que forneçam informações sobre a situação do sistema prisional. Eis o teor da ementa:

CUSTODIADO – INTEGRIDADE FÍSICA E MORAL – SISTEMA PENITENCIÁRIO – ARGUIÇÃO DE DESCUMPRIMENTO DE PRECEITO FUNDAMENTAL – ADEQUAÇÃO. Cabível é a arguição de descumprimento de preceito fundamental considerada a situação degradante das penitenciárias no Brasil. SISTEMA PENITENCIÁRIO NACIONAL – SUPERLOTAÇÃO CARCERÁRIA – CONDIÇÕES DESUMANAS DE CUSTÓDIA – VIOLAÇÃO MASSIVA DE DIREITOS FUNDAMENTAIS – FALHAS ESTRUTURAIS – ESTADO DE COISAS INCONSTITUCIONAL – CONFIGURAÇÃO. Presente quadro de violação massiva e persistente de direitos fundamentais, decorrente de falhas estruturais e falência de políticas públicas e cuja modificação depende de medidas abrangentes de natureza normativa, administrativa e orçamentária, deve o sistema penitenciário nacional ser caraterizado como "estado de coisas inconstitucional". FUNDO PENITENCIÁRIO NACIONAL – VERBAS – CONTINGENCIAMENTO. Ante a situação precária das penitenciárias, o interesse público direciona à liberação das verbas do Fundo Penitenciário Nacional. AUDIÊNCIA DE CUSTÓDIA – OBSERVÂN-CIA OBRIGATÓRIA. Estão obrigados juízes e tribunais, observados os artigos 9.3 do Pacto dos Direitos Civis e Políticos e 7.5 da Convenção Interamericana de Direitos Humanos, a realizarem, em até noventa dias, audiências de custódia, viabilizando o comparecimento do preso perante a autoridade judiciária no prazo máximo de 24 horas, contado do momento da prisão. (ADPF 347 MC, Relator(a): Min. MARCO AURÉLIO, Tribunal Pleno, julgado em 09/09/2015, PROCESSO ELETRÔNICO DJe-031 DIVULG 18-02-2016 PUBLIC 19-02-2016)

Vinculada também à noção de um dever de proteção estatal da dignidade da pessoa humana (de todas as pessoas, sejam elas acusadas ou condenadas em processo criminal, sejam elas as vítimas de ações criminosas) está a noção, já relativamente difundida no Brasil, de um dever de proteção suficiente, ao qual corresponde uma proibição de proteção insuficiente, que, entre outras consequências – considerando que o dever de proteção vincula todos os órgãos estatais, com destaque para o Legislativo e o Judiciário – pode implicar a inconstitucionalidade da descriminalização de uma conduta ofensiva a bens fundamentais, quanto – o que é mais polêmico – até mesmo um dever (mesmo implícito, para alguns) de criminalização por parte do legislador, quanto, na perspectiva do Poder Judiciário, a intervenção corretiva no âmbito do controle das opções legislativas e das decisões das instâncias inferiores do próprio Judiciário.[74]

---

[74] Sobre os deveres de proteção e seus reflexos na seara criminal, com destaque para a proibição de proteção insuficiente, v., na literatura brasileira dedicada especialmente ao tema, entre outros, SARLET, Ingo Wolfgang. "Constituição e Proporcionalidade: o Direito Penal e os Direitos Fundamentais ente Proibição de Excesso e de Insuficiência". In: *Revista Brasileira de Ciências Criminais* vol. 47, mar./abr. de 2004; STRECK, Lenio Luiz. "Bem Juridico e Constituição: da Proibição de Excesso (*Übermassverbot*) à Proibição de Proteção Deficiente (*Untermassverbot*): de como não há blindagem contra normas penais inconstitucionais". In: *Boletim da Faculdade de Direito de Coimbra* vol. 80, 2004, p. 303-345; FELDENS, Luciano. *Direitos Fundamentais e Direito Penal*. Porto Alegre: Livraria do Advogado, 2008, sem prejuízo de desenvolvimentos mais recentes dos autores citados, por exemplo, artigo conjunto (Clèmerson Merlin Clève, Ingo Wolfgang Sarlet, Jacinto Nelson de Miranda Coutinho, Lenio Luiz Streck e Flávio Pansieri) sobre o "Perigo da criminalização judicial e quebra do estado democrático de direito" (http://www.conjur.com.br/2014-ago-21/senso-incomum-criminalizacao-judicial-quebra-estado-democratico-direito, acesso em 25/8/2016), no qual há posição contrária a utilização do Mandado de Injunção (4.733-STF) para a criminalização da homofobia. Por outro lado, também considerando os deveres de proteção, há entendimento de que é típica a violação de medidas protetivas deferidas no âmbito da Lei Maria da Penha, pese posição contrária pacificada no STJ, cf. WEINGARTNER NETO, Jayme. *A relevância penal do descumprimento de medida protetiva de urgência no âmbito da violência doméstica e familiar*. Direito & Justiça (Porto Alegre. Impresso), v. 40, p. 147-154, 2014.

1.3.4. Parâmetro interpretativo e critério para intervenções restritivas

A dignidade da pessoa humana, como se verifica também na jurisprudência do STF, seguidamente é invocada como constituindo – de modo geral em combinação com determinado(s) direito(s) fundamentai(s) tanto fundamento (critério material) a justificar a legitimidade constitucional da imposição de limites ao exercício de direitos fundamentais. Da mesma forma, registram-se decisões nas quais é o conteúdo em dignidade da pessoa humana dos direitos fundamentais que opera como limite aos limites dos direitos fundamentais, de modo a obstaculizar determinadas medidas que, embora sirvam à proteção ou promoção de outros direitos fundamentais (com maior ou menor relação com a dignidade da pessoa humana). Muito embora não se possa identificar, no âmbito da – também neste campo nem sempre uniforme e clara – jurisprudência do STF, a consolidação de uma doutrina a respeito do tema, percebe-se que a dignidade da pessoa humana guarda relação tanto com a noção do conteúdo essencial dos direitos fundamentais (embora sobre a qualidade da relação em si pouco se possa aferir do exame das decisões) quanto com a aplicação do princípio da proporcionalidade, tudo no contexto mais amplo da problemática dos limites e restrições dos direitos fundamentais, com destaque para as hipóteses de conflito (colisões) entre direitos fundamentais.

Hipótese de crescente relevância no que diz com a utilização da dignidade da pessoa humana como critério para interpretação do ordenamento jurídico envolve tanto a identificação de um conteúdo em dignidade de outros direitos fundamentais, quanto a interpretação "conforme a dignidade" de institutos jurídicos que implicam restrição de direitos, de tal sorte que, em alguns casos, o próprio âmbito de proteção de direitos e garantias fundamentais acaba por ser delimitado de modo mais extensivo, e, portanto, de modo a assegurar um nível mais acentuado de proteção dos direitos.

Um bom exemplo deste tipo de argumentação, em que a eventual violação (a ser demonstrada no caso concreto) da dignidade da pessoa humana implica a relativização de regra jurídica proibitiva de determinado benefício, pode ser extraído do julgamento do HC 83.358-6/São Paulo, relatado pelo Ministro Carlos Britto, onde estava em causa a solicitação de concessão da possibilidade de pessoa idosa cumprir a pena privativa de liberdade em regime de prisão domiciliar, a despeito de ter sido condenada pela prática de atentado violento ao pudor, alegando a precariedade do seu estado de saúde. Embora no caso apreciado pelo STF tenha sido negado o pleito, mediante o argumento de que não restou devidamente comprovada a excepcionalidade da situação, o Tribunal reconheceu – a exemplo de outros julgados[75] – "que a condenação por crime tipificado como hediondo não enseja, por si só, uma proibição objetiva incondicional à concessão de prisão domiciliar, pois a dignidade da pessoa humana (e cabe sublinhar tal aspecto!) especialmente a dos idosos, sempre será preponderante, dada a sua condição de princípio fundamental da República". Por outro lado, importa destacar que diversamente de uma série de outros julgados onde não houve qualquer preocupação em examinar, à luz das circunstâncias do caso, a ocorrência de uma violação da dignidade da pessoa humana, no caso ora apresentado, restou consignado que o deferimento do benefício (excepcionando a regra legal) se justifica apenas quando a dignidade do condenado (apenado) efetivamente estiver sendo violada ou ameaçada de violação. Com efeito, de acordo com o que se extrai da ementa do julgado, a "dignidade se encontrará ameaçada nas hipóteses excepcionalíssimas em que o apenado idoso estiver acometido de doença grave que exija cuidados especiais, os quais não podem ser fornecidos no local da custódia ou em estabelecimento hospitalar adequado".

Igualmente relacionados com a esfera penal e de ampla repercussão (assim como cercados de intensa polêmica por parte de alguns setores da doutrina e mesmo da opinião pública) são os casos de uma nem sempre convencional interpretação conforme a constituição da legislação penal e processual penal, protagonizados pelo STF. Dentre os numerosos exemplos que poderiam ser colacionados selecionamos, em caráter ilustrativo, o assim chamado caso "Ellwanger",[76] o caso da "Marcha da Maconha"[77] (capítulo 2) e a decisão em prol da legitimidade constitucional da interrupção da gravidez (ou antecipação do parto, como preferem alguns) quando diagnosticada a anencefalia do feto.[78] Os casos apresentam como elemento comum a invocação, em maior ou menor medida (e de modo direto ou indireto), da dignidade humana, como fundamento da decisão, mas distinguem-se em aspectos substanciais, pois ao passo que na primeira hipótese se tratou da flexibilização de tipo penal (de espécie de interpretação extensiva do conceito de "racismo" para efeitos de afastar a prescrição), como modo de justificar a condenação (caso "Ellwanger"), nas outras duas situações ("Marcha da Maconha" e "Anencefalia"), o que ocorreu foi

---

[75] Em caráter ilustrativo, v. HC 86875, Rel. Ministro Cezar Peluso, julgado em 07.10.2005; HC 84539, Rel. Ministro Carlos Britto, julgado em 16.12.2004.

[76] Cf. HC 82424-RS, Rel. Ministro Moreira Alves, julgado em 17.09.2003.

[77] Cf. ADPF 187, Rel. Ministro Celso de Mello, julgada em 15.06.2011.

[78] Cf. ADPF 54, Rel. Ministro Marco Aurélio, julgada em 13.04.2012.

a exclusão da incidência da lei penal incriminadora, de tal sorte que – de acordo com a ótica do STF – a dignidade e direitos fundamentais correlatos operam tanto como limites à liberdade como servem de critério para assegurá-la. Isso, por sua vez, guarda relação com a tese de que a dignidade da pessoa humana cumpre função dúplice, já que serve de fundamento para a restrição de direitos fundamentais e ao mesmo tempo atua como limite impeditivo de tais restrições.[79]

Por outro lado, coloca-se aqui com particular agudeza a delimitação entre o assim chamado conteúdo ou núcleo essencial dos direitos fundamentais e seu maior ou menor conteúdo em dignidade da pessoa humana, da mesma forma como se revela ainda mais controversa a possibilidade de eventual restrição à própria dignidade da pessoa humana, que, de acordo com alguns segmentos da doutrina especializada, não poderá ser subtraída completamente a uma eventual ponderação, por mais alta que seja a sua posição na constelação dos princípios e direitos fundamentais.[80] Indagações de até que ponto é possível tolerar (do ponto de vista jurídico-constitucional) algumas medidas que envolvem a coleta e aproveitamento de provas invasivas da privacidade,[81] a utilização de métodos mais rigorosos e mesmo interventivos na integridade física e psíquica para a ação preventiva da polícia em face de grave ameaça a outros bens fundamentais, e de uma maneira geral os meios ocultos de investigação e obtenção de prova,[82] são apenas uma pálida amostra das discussões travadas na doutrina e na jurisprudência brasileira, estrangeira e supranacional, devendo ser analisadas em outra oportunidade.

1.4. Considerações finais

Os exemplos colacionados, que representam apenas uma pequena amostra do universo de julgados nos quais o Supremo Tribunal Federal do Brasil, cada vez mais e especialmente após a promulgação da CF, invoca a o princípio (e regra) da dignidade da pessoa humana como fundamento principal ou secundário para a solução de contro-

---

[79] Cf., na literatura brasileira, por todos, SARLET, Ingo W. *Dignidade da Pessoa Humana e Direitos Fundamentais na Constituição Federal de 1988*, op. cit., p. 141 e ss. (dignidade como limite e como limite aos limites).

[80] Sobre a discussão, v., por todos, SARLET, Ingo W., op. cit., p. 149 e ss. Na literatura alemã, reunindo uma série de contribuições relevantes e atualizadas sobre o tema, v. em especial, GRÖSCHNER, Rolf; Lembcke, Oliver W. (Ed.). *Das Dogma der Unantastbarkeit*. Tübingen: Mohr Siebeck, 2009.

[81] Vide, por exemplo, a Lei nº 12.037/2009, com as alterações da Lei nº 12.654/2012.

[82] Vide Lei nº 12.850/2013.

Ingo Wolfgang Sarlet
Jayme Weingartner Neto

vérsias (dentre as quais um expressivo número relacionados com o Direito Penal e Processual Penal) que lhe são direcionadas, demonstram claramente uma tendência no sentido de consagrar, também no direito brasileiro, a noção de que na dúvida deverá o intérprete – seja no âmbito da assim chamada "ponderação" de princípios e direitos fundamentais, seja em outras hipóteses – optar pela alternativa mais compatível com as exigências da dignidade da pessoa humana, muito embora quais sejam exatamente tais exigências também no Brasil ainda esteja longe de ser elucidado, precisamente em função da conhecida dificuldade de delimitar o conteúdo em dignidade dos direitos e garantias fundamentais ou identificar – a depender do caso – eventual conteúdo autônomo para o princípio da dignidade da pessoa humana.

Neste contexto, quanto mais se recorre à dignidade da pessoa humana como argumento no processo judicial, tanto mais se faz necessária cautela no seu manejo, pois se a dignidade e os direitos humanos e fundamentais apontam – como bem o observou Gomes Canotilho – para a afirmação da ideia de uma comunidade constitucional republicana e inclusiva, necessariamente pautada por um multiculturalismo mundividencial avesso a qualquer tipo de "fixismo",[83] também se presta uma perigosa manipulação retórica e mesmo fundamentalista, caso transformados em instrumentos de pautas de valores e interesses pessoais e sectários, resultando naquilo que já foi designado de uma "tirania da dignidade".[84] Que nem o Direito Penal e nem a Dignidade da Pessoa Humana (de todos e de cada um) têm a ganhar com tal "tirania", resulta aparentemente elementar, mas nem sempre tem sido objeto de suficiente consideração, razão pela qual se espera que o presente texto possa pelo menos auxiliar no processo de discussão sobre o tema.

Neste diapasão, e ancorados nas premissas apresentadas, iniciamos a discussão sobre a refração experimentada pelo direito penal e pelo direito processual penal a partir da dignidade da pessoa humana e dos direitos fundamentais. No próximo capítulo, ainda com olhos mais gerais no processo social e legislativo, seguimos a trilha focando as liberdades de reunião e manifestação e seus correlatos e problemáticos limites, diante do risco cíclico de criminalização do protesto social.

---

[83] CANOTILHO, José Joaquim Gomes. *Direito Constitucional e Teoria da Constituição*. 7ª ed. Coimbra: Almedina, 2004, p. 225-26, desenvolvendo a ideia da dignidade da pessoa humana como núcleo essencial da República.

[84] Cf., por todos, NEUMANN, Ulfried. "Die Tyrannei der Würde". In: *ARSP* vol. 84, 1988, p. 153 e ss.

2. Liberdade de reunião e manifestação no horizonte do protesto social

2.1. Preliminarmente

A Constituição Federal de 1988 – e a novíssima República emergente –, nas relações internacionais, proclama os princípios da não intervenção, da defesa da paz e do repúdio ao terrorismo e ao racismo (art. 4º, IV, VI, VIII). Consagrou-se, pois, a hegemonia dos direitos humanos (a prevalência, na dicção do art. 4º, II), que como "linguagem de dignidade humana é hoje incontestável", embora a perturbadora realidade: a maioria da população mundial "não é sujeito de diretos humanos. É objeto de discursos de direitos humanos".[85]

A República Federativa do Brasil, conforme a autodescrição fundante da identidade projetada, constitui-se num Estado democrático de direito que atua perante uma sociedade plural e complexa, espaço no qual a tarefa civilizatória é conjugar o governo da maioria (soberania popular, princípio majoritário) com o respeito e a garantia às minorias (prevalência dos direitos fundamentais), num modo de ser vincado pela justiça social e pela fraternidade.

A Constituição Federal de 1988 (doravante apenas CF) foi seminal, ao demarcar o consenso efetivo e as confluências possíveis, delinear os princípios e esclarecer as regras do jogo, ao lançar o arcabouço institucional a partir do qual as pessoas, os movimentos sociais e o

---

[85] SANTOS, Boaventura de Sousa. *Se Deus fosse um ativista dos direitos humanos*. São Paulo: Cortez, 2013, p. 15. Todavia, como linguagem hegemônica, os direitos humanos (e fundamentais) são incontornáveis e grupos sociais oprimidos perguntam-se se poderão "ser usados de modo contra-hegemônicos"? E por que "há tanto sofrimento humano injusto que não é considerado uma violação dos direitos humanos"? (p.16). Alguns dos fatos referidos no primeiro parágrafo do texto indicam a fecundidade na análise de Boaventura, na linha do pensamento abissal que dividiu o mundo entre sociedades metropolitanas e coloniais, garantida a invisibilidade para as violações do lado "sul" da linha, pese a genealogia revolucionária (e carga emancipatória) do lado hegemônico. Claro que o pensamento abissal fecunda a golpes de "triunfalismo" e "descontextualização" (p. 18-21).

Estado passam a interagir e realizar seus projetos de vida, garantidas as legítimas expectativas de dignidade, direitos sociais e individuais, liberdade e segurança, bem-estar e desenvolvimento, igualdade e justiça social. Ao pretender-se obra de sabedoria política, aspira à estabilidade e se reconhece com flexibilidade suficiente para ir sendo modificada e ajustada paulatinamente. E o fato é que propicia já um longo (para os parâmetros turbulentos da história republicana) período democrático, com o que possibilita avanços e consolidação. O desafio é amadurecer a emancipação da cidadania e colocar, efetivamente, o Estado a serviço das pessoas, notadamente pelo incremento da quantidade e qualidade dos serviços públicos essenciais, saúde, educação e segurança, sem descurar da mobilidade urbana, que é pressuposto de qualquer usufruto contemporâneo. O que nos transporta a junho de 2013, quando o Brasil participou daquelas redes de indignação e de esperança sobre as quais Manuel Castells tem-se debruçado. E já com a advertência de que, em nosso horizonte, existe uma globalização contra-hegemônica, que, a partir de baixo, "é constituída pelos movimentos e organizações sociais que, mediante articulações locais, nacionais e globais, lutam contra a opressão (...) [contra] a criminalização do protesto social".[86]

Na sequência, destacamos um feixe de direitos fundamentais, as liberdades expressivo-comunicativas,[87] com foco na liberdade de reunião e manifestação, cujo generoso programa normativo é capaz de harmonizar a máxima inclusividade – fazer retumbar a "voz das ruas", essencial para uma democracia de alta intensidade – com o bloqueio, sopesados seus limites, à violação das várias posições jurídicas em conexão, tanto as tituladas pela maioria pacífica quanto pelas minorias "estranhas" e provocativas, sem descurar da segurança e da ordem pública, bem como direitos de terceiros.[88]

---

[86] SANTOS, *Se Deus*, p. 30.

[87] Para uma referência sobre a permeabilidade categorial das liberdades comunicativas ou publicísticas, articulada inclusive com as liberdades religiosas, vistas como direito mãe ou *cluster right*, cf. WEINGARTNER NETO, Jayme. *Liberdade religiosa na Constituição: fundamentalismo, pluralismo, crenças, cultos*. Porto Alegre: Livraria do Advogado, 2007, p. 81-3.

[88] Em tempos de turbulência, de erosão de direitos sociais e econômicos, de baixa intensidade democrática em face da dupla crise de representação e participação, de duplo *standard* nos critérios de avaliação das violações de direitos humanos e fundamentais; de um "Estado de exceção permanente, usando pretextos tão diversos como a guerra contra o terrorismo ou a austeridade econômico-financeira para controlar os cidadãos, erodir os direitos civis e políticos e criminalizar o protesto social" (SANTOS, *Se Deus*, p. 87), nestes tempos turbulentos, frisamos, trata-se de reafirmar as potencialidades emancipatórias de uma prática constitucional inclusiva. E o quadro normativo de 1988 bem permite que o Brasil tenha uma palavra consistente no diálogo internacional.

2.2. As liberdades comunicativas e o núcleo do direito fundamental de reunião e manifestação

2.2.1. Noções gerais

A liberdade de reunião guarda relação forte com a liberdade de expressão. Neste contexto, Konrad Hesse destaca a relevância da liberdade de reunião para uma ordem jurídico-constitucional democrática, pois a formação da opinião e mesmo a formação da vontade política pressupõem uma comunicação que em grande parte se processa mediante reuniões.[89] Além disso, é por meio de reuniões que o exercício coletivo da liberdade de expressão e manifestação do pensamento pode servir como instrumento eficiente para a luta política e assegurar a possibilidade de influenciar o processo político, de tal sorte que a liberdade de reunião representa um elemento de democracia direta.[90] A liberdade de reunião também fortalece o direito de expressão das minorias e o exercício da oposição no embate político-democrático.[91] Assim, o direito de reunião, bem como os direitos de manifestação e de associação, integram o conjunto dos assim chamados direitos fundamentais democráticos, cuidando-se, nesse sentido, de um direito de liberdade tipicamente comunicativo, que tanto serve ao livre desenvolvimento da personalidade (que pressupõe e exige o interagir com os outros), como opera como garante de outros direitos fundamentais, tais como a liberdade política, a liberdade sindical, a liberdade religiosa e a liberdade de associação.[92]

Por tais razões, não surpreende que a liberdade de reunião tenha sido precocemente contemplada nos textos de algumas das principais declarações de direitos e das constituições da primeira fase do constitucionalismo, embora sua proscrição ou compressão em períodos autoritários, que, em maior ou menor medida, sempre se fez presente. Já a Primeira Emenda da Constituição norte-americana, de 1791, previa o direito do cidadão de se reunir pacificamente, o que também constou da Constituição francesa de 1791. De lá para cá, a liberdade de reunião (em vários casos em combinação com o direito de manifestação) passou a ser figura presente nas constituições e textos interna-

---

[89] Cf. HESSE, Konrad. *Grundzüge des Verfassungsrecht der Bundesrepublik Deutschland*. 20ª ed. Heidelberg: C.F. Müller, 1995, p. 176.

[90] Idem, ibidem.

[91] Cf. HUFEN, Friedhelm. *Staatsrecht II* – Grundrechte. München: C. H. Beck, 2007, p. 474.

[92] Cf. CANOTILHO, J. J. Gomes; MOREIRA, Vital. *Constituição da República Portuguesa anotada*. Arts. 1º a 107º. 4ª ed. Coimbra: Coimbra Editora, 2007, p. 636.

cionais em matéria de direitos humanos, a começar pela Declaração Universal da ONU de 1948, que, no art. 20, traz o direito de toda pessoa à liberdade de reunião e associação pacíficas. Logo na sequência, no plano dos sistemas regionais de proteção dos direitos humanos, a Convenção Europeia de 1950, no art. 11, também enuncia essa liberdade na seguinte disposição:

> 1. Qualquer pessoa tem direito à liberdade de reunião pacífica e à liberdade de associação, incluindo o direito de, com outrem, fundar e filiar-se em sindicatos para a defesa dos seus interesses. 2. O exercício deste direito só pode ser objeto de restrições que, sendo previstas na lei, constituírem disposições necessárias, numa sociedade democrática, para a segurança nacional, a segurança pública, a defesa da ordem e a prevenção do crime, a proteção da saúde ou da moral, ou a proteção dos direitos e das liberdades de terceiros. O presente artigo não proíbe que sejam impostas restrições legítimas ao exercício destes direitos aos membros das forças armadas, da polícia ou da administração do Estado.

No plano internacional de aspiração universal, ou seja, no contexto do sistema da ONU, apenas com o Pacto Internacional de Direitos Civis e Políticos, 1966, é que a liberdade de reunião e manifestação passou a adquirir, gradativamente e à medida das ratificações pelos Estados da comunidade internacional, caráter vinculativo. De acordo com o artigo 21 do referido Pacto, "o direito de reunião pacífica será reconhecido. O exercício desse direito estará sujeito apenas às restrições previstas em lei e que se façam necessárias, em uma sociedade democrática, ao interesse da segurança nacional, da segurança ou ordem públicas, ou para proteger a saúde ou a moral públicas ou os direitos e as liberdades das demais pessoas". O Brasil, convém relembrar, veio a incorporar o Pacto ao direito interno apenas em 24.01.1992.

Depois disso, seguiu-se também uma ampliação dos sistemas regionais de proteção, como bem dá conta o caso da Convenção Americana de 1969 (ratificada pelo Brasil em 25.09.1992), que, no art. 15, dispõe que "é reconhecido o direito de reunião pacífica e sem armas. O exercício desse direito só pode estar sujeito às restrições previstas em lei e que se façam necessárias, em uma sociedade democrática, ao interesse da segurança nacional, da segurança ou da ordem públicas, ou para proteger a saúde ou a moral públicas ou os direitos e as liberdades das demais pessoas". Já no sistema de proteção da região africana, a Carta de Banjul, de 1981, conhecida como Carta Africana dos Direitos Humanos e dos Povos, dispõe que "toda pessoa tem direito de se reunir livremente com outras pessoas. Este direito exerce-se sob a única reserva das restrições necessárias estabelecidas pelas leis e regulamentos, nomeadamente no interesse da segurança nacional, da segurança de outrem, da saúde, da moral ou dos direitos e liberdades das pessoas". No âmbito da União Europeia, a Carta de Direitos Humanos de 2000, e hoje incorporada ao direito comunitário, traz, no art. 12, o seguinte: "Todas as pessoas têm direito à liberdade de reunião pacífica e à liberdade de associação em todos os níveis, nomeadamente nos domínios político, sindical e cívico, o que implica o direito de, com outrem, fundarem sindicatos e de a eles se filiarem para a defesa dos seus interesses".

Embora o caráter eminentemente descritivo de tal evolução, ela bem demonstra a forma pela qual a liberdade de reunião passou a ser parte integrante de uma gramática universal dos direitos humanos e patrimônio comum do constitucionalismo contemporâneo, que, pelo menos quando assume a forma de Estados Democráticos de Direito, é um Estado de e para os direitos fundamentais da pessoa humana. No Brasil, à evidência, o percurso não se deu de forma diferente, pois desde 1824 todas as constituições agasalharam a liberdade de reunião (ainda que esta tenha vivenciado períodos menos virtuosos, marcados por forte restrição de matriz autoritária), desembocando na nossa atual CF, objeto precípuo da presente análise, além da circunstância, já referida, de que o Brasil ratificou os principais documentos internacionais e regionais de direitos humanos que consagram tal liberdade.

2.2.2. A liberdade de reunião na Constituição de 1988

2.2.2.1. Reunião, conceitos e elementos

De acordo com o art. 5°, XVI, da CF, "todos podem reunir-se pacificamente, sem armas, em locais abertos ao público, independentemente de autorização, desde que não frustrem outra reunião anteriormente convocada para o mesmo local, sendo apenas exigido prévio aviso à autoridade competente". Diferentemente do que ocorreu em Portugal (art. 45 da Constituição da República Portuguesa, de 1976), a Constituição Federal não contemplou a liberdade de reunião juntamente com a liberdade (direito) de manifestação, muito embora tenha aderido à tendência dominante, tal como se verifica na maior parte dos textos constitucionais, como é o caso, em caráter ilustrativo, da Alemanha (art. 8° da Lei Fundamental de 1949) e da Espanha (art. 21 da Constituição de 1978), cujas constituições dispõem apenas sobre o direito de reunião.

A despeito de sua conexão com outras liberdades comunicativas e democráticas, como é o caso dos direitos de manifestação e associação, o direito de reunião com esses não se confunde, assumindo importante dimensão autônoma.[93] Ao passo que o direito de reunião (assim como o de associação) é sempre de ação coletiva, no sentido de um direito individual de exercício coletivo, podendo ser de exercício privado ou público e não exigindo a expressão de uma mensagem dirigida a terceiros, o direito de manifestação pode ser exercido individualmente e se reveste necessariamente de um caráter público, pois tem por objeto o exercício da liberdade de expressão com a finalidade de dirigir uma mensagem contra ou em direção a terceiros, de tal sorte que uma manifestação é quase sempre uma reunião, mas uma reunião nem sempre é uma típica manifestação.[94] A distinção traçada, por sua vez, revela que o direito de manifestação não se confunde integralmente com a liberdade de manifestação do pensamento. Por outro lado, o direito de reunião não é idêntico ao direito de associação, pois este pressupõe a coligação entre pessoas, em caráter estável, sob uma direção comum,[95] ao passo que reuniões são encontros de duas ou mais pessoas em caráter não estável e não necessariamente voltados à criação de uma entidade comum, que é a associação, que assume a feição de uma pessoa coletiva.

O exercício do direito de reunião, por sua vez, embora implique em geral a manifestação do pensamento (liberdade de expressão) e seja mesmo um instrumento de garantia dessa mesma liberdade de expressão, na sua forma coletiva, igualmente com ela não se confunde, pois são diferentes os âmbitos de proteção do direito, de tal sorte que o conteúdo da expressão veiculada por ocasião de uma reunião será avaliado a partir dos parâmetros da liberdade de expressão, o que significa, dito de outro modo, que o direito de reunião não oferece uma proteção adicional à liberdade de expressão pelo simples fato de se tratar do exercício coletivo do direito.[96] Outra diferença reside na circunstância de que, enquanto a liberdade de expressão costuma ser exercida de modo individual, a manifestação de opiniões e qualquer outra modalidade de expressão que resulte de uma reunião são necessariamente de exercício coletivo.[97]

---

[93] Sobre a distinção entre os direitos de reunião e manifestação e outros direitos fundamentais, v., por todos, CORREIA, Sérvulo. *O direito de manifestação – Âmbito de proteção e restrições*. Coimbra: Almedina, 2006, p. 31 e ss., bem como SOUSA, António Francisco de. *Direito de reunião e manifestação*. p. 14 e ss.

[94] Cf. CANOTILHO, J. J. Gomes; MOREIRA, Vital. *Constituição da República Portuguesa anotada*, p. 636.

[95] Cf. MENDES, Gilmar Ferreira; BRANCO, Paulo Gustavo G. *Curso de direito constitucional*. 3ª ed. São Paulo: Saraiva, 2008, p. 340.

[96] Cf. HUFEN, Friedhelm. *Staatsrecht II – Grundrechte*, p. 479.

[97] Nesse sentido, v. DÍEZ-PICAZO, Luís María. *Sistema de derechos fundamentales*. 2ª ed. Madrid: Civitas, 2005, p. 373.

Uma primeira dificuldade reside na definição de reunião para o propósito da proteção constitucional. Por isso, necessário distinguir a reunião de um mero aglomerado fortuito de pessoas em um mesmo local, como é o caso da frequência coletiva a um cinema, restaurante ou qualquer outro tipo de espetáculo artístico e esportivo, ou mesmo a reunião de curiosos quando de um acidente de trânsito.[98]

Assim, à míngua de diretrizes constitucionais expressas sobre o conceito de reunião, doutrina e jurisprudência (sem prejuízo de legislação regulamentadora, que pode definir em que consiste uma reunião)[99] passaram a desenvolver alguns critérios, que permitem identificar os elementos que determinam uma reunião e a distinguem de outros fenômenos de junção de pessoas. Dentre tais elementos, é possível colacionar os que seguem, por encontrarem ampla aceitação, ressalvado algum aspecto objeto de controvérsia.

Um primeiro elemento é de caráter subjetivo, pois uma reunião não passa, ao fim e ao cabo, de um agrupamento de pessoas que decide reunir-se para algum fim, de modo que existe uma manifestação coletiva e prévia na base de qualquer reunião.[100] Há que existir, portanto, um vínculo interno, consubstanciado por uma finalidade (ou finalidades) em comum.[101] Dito de outro modo, uma reunião exige uma consciência e uma vontade coletiva de reunião, bem como um laço comum entre os seus respectivos participantes.[102] O quanto a finalidade deverá envolver sempre o propósito de uma manifestação coletiva, portanto, de uma reunião voltada à comunicação na esfera pública, é algo que merece uma atenção especial e se revela controverso.[103] Uma reunião, portanto, apresenta um elemento teleológico (ou finalista),[104] pois envolve alguma finalidade em comum.[105] A tais elementos agrega-se uma dimensão temporal, pois a reunião, ao contrário da liberdade de associação (que é de natureza duradoura), é necessariamente tran-

---

[98] Cf., por todos, PIEROTH, Bodo; SCHLINK, Bernhard. *Staatsrecht II – Grundrechte*. 20ª ed. Heidelberg: C. F., 2004, p. 184.

[99] Este é o caso da Espanha, onde existe uma lei orgânica (a LO 9/1983) que define e regula o direito de reunião.

[100] Cf., por todos, ROYO, Javier Pérez. *Curso de derecho constitucional*. 12ª ed. Madrid/Barcelona/Buenos Aires: Marcial Pons, 2010, p. 347.

[101] Cf., por todos, PIEROTH, Bodo; SCHLINK, Bernhard. *Staatsrecht II – Grundrechte*, p. 184.

[102] Cf. CANOTILHO, J. J. Gomes; MOREIRA, Vital. *Constituição da República Portuguesa anotada*, p. 637. Na literatura brasileira, v., por todos, MENDES, Gilmar Ferreira; BRANCO, Paulo Gustavo Gonet. *Curso de direito constitucional*, p. 333.

[103] Cf. KLOEPFER, Michael. *Verfassungsrecht II*, p. 329.

[104] Cf. ROYO, Javier Pérez. *Curso de derecho constitucional*, p. 348.

[105] Cf., também, MENDES, Gilmar Ferreira; BRANCO, Paulo Gustavo G. *Curso de direito constitucional*, p. 333-334.

sitória, de duração limitada e caráter episódico.[106] Além disso, como já se depreende dos demais elementos, sendo direito individual de exercício coletivo, a reunião exige sempre um agrupamento de pessoas, ou seja, a pluralidade de agentes.[107] A tais elementos se soma um elemento espacial, pois a reunião se desenvolve sempre em local determinado.[108] Todavia, é preciso ter presente que o direito de reunião envolve tanto manifestações de natureza estática, ou seja, confinadas a determinado ambiente, quanto de natureza dinâmica, quando se verifica o deslocamento das pessoas envolvidas por vias públicas, podendo, além do mais, se dar tanto em locais fechados quanto abertos.[109] Por derradeiro, existe um elemento de natureza objetiva (ou formal), vinculado ao modo de exercício do direito de reunião, pois a Constituição Federal (a exemplo do que em geral ocorre no direito internacional e comparado) exige que a reunião seja pacífica e sem o uso de armas, o que será objeto de maior desenvolvimento logo adiante, ao discorrermos sobre os limites do direito de reunião. Aqui também é possível enquadrar o requisito da exclusividade, pois a Constituição Federal veda que uma reunião frustre outra previamente convocada para o mesmo local, de modo que o elemento espacial diz também com um espaço territorial que, em caráter transitório, enquanto durar a reunião, será usado de modo exclusivo para tal finalidade, o que, todavia, não exclui necessariamente a presença de outras pessoas no local. Da mesma forma, a Constituição Federal exige aviso prévio à autoridade competente, o que, todavia, há de ser examinado com mais atenção, considerando algumas peculiaridades das reuniões. Tais elementos (requisitos) que configuram uma reunião como tal admitida e protegida pela Constituição são, em geral, admitidos pela absoluta maioria da doutrina, não havendo maior divergência quanto a eles, salvo em relação a aspectos internos de cada um dos elementos.[110]

---

[106] MENDES, Gilmar Ferreira; BRANCO, Paulo Gustavo G. *Curso de direito constitucional*, p. 334.

[107] Idem, ibidem.

[108] Cf., por todos, ROYO, Javier Pérez. *Curso de derecho constitucional*, p. 348.

[109] Cf. MENDES; BRANCO, op. cit., p. 335.

[110] Confiram-se, em caráter ilustrativo, na doutrina brasileira, MORAES, Alexandre de. *Direitos humanos fundamentais*. 24ª ed. São Paulo: Atlas, 2011, p. 187-188; TAVARES, André Ramos. *Curso de direito constitucional*. São Paulo: Saraiva, 2010, p. 650-651; FERNANDES, Bernardo Gonçalves. *Curso de direito constitucional*. p. 288-290; MENDES, Gilmar Ferreira; BRANCO, Paulo Gustavo G. *Curso de direito constitucional*, p. 333 e ss.; SILVA, José Afonso da. *Comentário contextual à Constituição*, 2ª ed. São Paulo: Malheiros, 2006, p. 113; ARAUJO, Luiz Alberto David; NUNES JUNIOR, Vidal Serrano. *Curso de direito constitucional*. São Paulo: Verbatim, 2010, p. 195; NOVELINO, Marcelo. *Direito constitucional*. São Paulo, Método [s.d], p. 307; PIVA, Otávio. *Comentários ao art. 5º da Constituição Federal de 1988 e teoria dos direitos fundamentais*. 3ª ed. São Paulo: Método, 2009, p. 104-105; LENZA, Pedro. *Direito constitucional esquematizado*. 12ª ed. São Paulo: Saraiva, 2008, p. 606; FERRARI, Regina Maria Macedo Nery. *Direito constitucional*. São Paulo: Revista dos Tribunais, 2011, p. 597; AGRA, Walber de Moura. *Curso de direito constitucional*. Rio de Janeiro: Forense, 2006, p. 138-139.

2.2.2.2. Âmbito de proteção como direito negativo e positivo

Na sua condição de direito subjetivo, o direito de reunião (liberdade de reunião) é, *em primeira linha, um direito negativo*, no sentido de um direito de defesa, voltado ao não impedimento (por parte do Estado e de terceiros) de uma ação (a reunião e a manifestação que lhe é inerente), portanto, de uma faculdade atribuída aos titulares do direito. No âmbito de sua função como direito negativo, o direito de reunião abarca um direito à não intervenção do Estado, tanto na fase preparatória, incluindo a convocação para a reunião, quanto no seu exercício.[111] Também a assim chamada liberdade negativa é incluída no âmbito de proteção do direito, no caso, a faculdade de não participar de uma reunião e o direito de não ser *forçado à participação*, vedada, portanto, toda e qualquer modalidade de coação pública ou privada.[112]

A dimensão negativa do direito (liberdade de reunião) pode ser sintetizada da seguinte forma: (a) direito de reunir-se com outrem sem impedimento; (b) direito de convocar uma reunião; (c) direito de participar de uma reunião; (d) direito de não participar de uma reunião; (e) direito de não ser perturbado por outrem no exercício da liberdade de reunião.[113] Por sua vez, a função positiva do direito de reunião guarda relação com a assim chamada dimensão objetiva dos direitos fundamentais, consubstanciando-se nos deveres de proteção estatais, que envolvem prestações de segurança para o exercício do direito de reunião, bem como aspectos de cunho organizacional e procedimental. O dever de proteção estatal envolve mesmo a segurança do exercício da reunião, devendo o Poder Público assegurar aos participantes da reunião o livre exercício e sem perturbações do seu direito, o que envolve a proteção contra grupos de oposição (manifestações e reuniões contrárias, evitando sejam os participantes da reunião agredidos ou submetidos a riscos), bem como protegendo contra a perturbação da reunião,[114] o que, por sua vez, implica uma projeção do direito de reunião na esfera das relações privadas. Com efeito, o dever de proteção é voltado em primeira linha contra intervenções por parte de terceiros, havendo mesmo o direito dos participantes de uma reunião de excluir outras pessoas que não comungam dos mesmos

---

[111] Cf. MENDES, Gilmar Ferreira; BRANCO, Paulo Gustavo G. *Curso de direito constitucional*, p. 338.

[112] Cf., por todos: CANOTILHO, J. J. Gomes; MOREIRA, Vital. *Constituição da República Portuguesa anotada*, p. 638.

[113] Tomamos por base a síntese de CANOTILHO, J. J. Gomes; MOREIRA, Vital. Idem, p. 638.

[114] Cf. HUFEN, Friedhelm. *Staatsrecht II – Grundrechte*, p. 485.

objetivos.[115] No âmbito dos deveres estatais de proteção fala-se também em um princípio da simpatia (de uma postura ou atitude amistosa) para com a reunião (*Grundsatz der Versammlungsfreundlichkeit*), que abarca um dever de cooperação entre autoridade pública (especialmente no exercício do poder de polícia) e os manifestantes.[116] Por outro lado, o direito de reunião abrange, ainda na sua dimensão positiva, um direito de acesso a lugares públicos para viabilizar a realização da reunião e manifestação, ainda que possa existir alguma limitação quanto a tal direito de acesso, já que não se cuida de direito ilimitado.[117]

Quanto ao âmbito de proteção subjetivo, ou seja, no que concerne aos titulares do direito, cuida-se de direito assegurado em primeira linha às pessoas físicas, nacionais e estrangeiras, não sendo excluída a titularidade por parte de estrangeiros não residentes, pois se trata de direito (como é o caso da liberdade de expressão) fortemente associado ao princípio da dignidade da pessoa humana e ao direito geral de liberdade.[118] Em caráter ilustrativo, vale referir decisão do Tribunal Constitucional da Espanha, que declarou a inconstitucionalidade de dispositivos legais que, por exemplo, condicionavam a participação de estrangeiros em reuniões e manifestações à prévia autorização de estada ou residência na Espanha.[119] Ainda no que diz com os estrangeiros, há quem, embora admitindo a titularidade, efetue a ressalva de que podem existir limites quando, tendo em conta o objeto e a finalidade da reunião, houver regra restritiva à participação no estatuto jurídico dos estrangeiros.[120] As pessoas jurídicas também podem ser titulares do direito de reunião, participando de sua convocação, promoção, direção e organização, mas quanto à participação, ainda que em princípio possível por meio de representantes, em geral não se admite a titularidade por parte de pessoas jurídicas, pois a participação como tal seria incompatível com a natureza das pessoas coletivas.[121]

---

[115] Cf., por todos, MENDES, Gilmar Ferreira; BRANCO, Paulo Gustavo G. *Curso de direito constitucional*, p. 338-339.

[116] Cf., por todos, HUFEN, Friedhelm. *Staatsrecht II* – Grundrechte, p. 485.

[117] Cf., por todos: MIRANDA, Jorge; MEDEIROS, Rui. *Constituição portuguesa anotada*. Tomo I, Coimbra: Coimbra Editora, 2006, p. 465; No mesmo sentido, v. CANOTILHO, J. J. Gomes; MOREIRA, Vital. *Constituição da República Portuguesa anotada*, p. 638.

[118] Cf., por todos, DÍEZ-PICAZO, Luis María. *Sistema de derechos fundamentales*, p. 374.

[119] Cf. ROYO, Javier Pérez. *Curso de derecho constitucional*, p. 350, com referência às sentenças n. 236 e n. 260 do Tribunal Constitucional, ambas do ano de 2007.

[120] Nesse sentido, v., por exemplo, CANOTILHO, J. J. Gomes; MOREIRA, Vital. *Constituição da República Portuguesa anotada*, p. 641.

[121] Cf., dentre tantos, KLOEPFER, Michael. *Verfassungsrecht II*, p. 328-329, bem como MIRANDA, Jorge; MEDEIROS, Rui. *Constituição portuguesa anotada*, p. 465, que igualmente limitam o direito de participar ou de não participar às pessoas físicas, como sendo necessariamente de exercício

Quanto aos destinatários, a liberdade de reunião vincula tanto o Poder Público (órgãos estatais) quanto os particulares, pois se volta também à não intervenção por parte de terceiros nas diversas fases que envolvem o exercício do direito (convocação, publicidade, organização, exercício), sendo todavia controverso o quanto a vinculação dos particulares é direta ou apenas indireta, por força e na medida apenas dos deveres de proteção estatal, tal como já sinalizado acima. No caso brasileiro, considerando o *deficit* de regulamentação legal do direito de reunião, a tese de uma eficácia direta *prima facie* acaba ganhando mais força, mas aqui se cuida de temática desenvolvida na parte geral dos direitos fundamentais, à qual remetemos.

2.2.2.3. Limites e restrições

Também o direito de reunião está submetido a limites e pode, portanto, ser objeto de intervenções restritivas. Além dos limites já estabelecidos pela própria Constituição Federal, é possível cogitar de restrições impostas pela lei e mesmo por decisão judicial, no caso de colisão com outros direitos fundamentais. Iniciaremos a análise com uma breve abordagem dos limites e requisitos previstos no texto constitucional.

Os primeiros dois limites, que assumem a condição também de elementos do direito de reunião, são de que a reunião deverá ter caráter pacífico, não sendo admitido o uso de armas, o que se aplica a qualquer tipo de reunião ou manifestação. Embora os dois elementos não sejam idênticos (pois a reunião poderá ocorrer sem o uso de armas e ao mesmo tempo não ser pacífica, desde que haja atos de violência moral ou física), o nexo resulta evidente, pois a proibição do uso de armas é instrumental em relação ao caráter pacífico que deverá ter a reunião para merecer a proteção constitucional. Assim, uma reunião de pessoas armadas desde logo será tida como não pacífica.[122]

Ao referir-se a reuniões armadas, a CF não fez menção expressa ao tipo de armas, de modo que em geral a doutrina e a jurisprudência interpretam o conceito de armas em sentido amplo, abrangendo, além de típicas armas de fogo e armas brancas (facas, lanças etc.), todo e qualquer instrumento que possa ser utilizado como meio de

---

individual. Em sentido contrário, admitindo um direito de participação (por meio de representantes) das pessoas jurídicas, mas com a ressalva do princípio da especialidade, quanto aos fins, do cabimento nas atribuições das pessoas em causa, v. CANOTILHO, J. J. Gomes; MOREIRA, Vital. *Constituição da República Portuguesa anotada*, p. 641.

[122] Cf., por todos, MIRANDA, Jorge; MEDEIROS, Rui. *Constituição portuguesa anotada*, p. 466.

agressão.[123] Já o uso de instrumentos destinados à proteção, tais como elmos, escudos, máscaras, que objetivam em primeira linha resguardar os participantes da reunião e não são utilizados para fins de agressão, não se enquadra na noção de armas e não desnatura o caráter pacífico de uma reunião.[124] Pedras e máscaras, no atual contexto, serão discutidas adiante.

Quanto ao caráter pacífico, que é em geral exigido no direito internacional e comparado, entende-se por reunião pacífica toda aquela que, além de não ser exercida por pessoas armadas, não envolve atos de violência física e moral contra terceiros. Se com relação ao uso de armas não existem ressalvas quanto à não configuração do caráter pacífico, o mesmo valendo para atos de violência física contra terceiros, é preciso considerar, todavia, que a mera previsão pelas autoridades de que possam ocorrer atos de violência ou tumultos não basta para legitimar a proibição da reunião, sendo necessário que existam atos de violência que caracterizem a reunião como tal e que não advenham de uma minoria de participantes.[125] Por outro lado, cuidando-se de atos de violência praticados por terceiros, que não integram a reunião, não se justifica a sua proibição, pois não é violenta a reunião que atrai uma reação violenta de outrem.[126]

Mais problemática é a definição de quando o caráter pacífico é afastado por conta de agressões de cunho moral e ideológico, pois, ao passo que para alguns mesmo a violência moral, portanto, manifestações que buscam a intimidação de terceiros, que incitem atos de violência ou tenham teor ofensivo, justificaria a proibição da reunião ou a declaração de sua ilegitimidade, outros entendem que o teor ofensivo da manifestação coletiva e mesmo a incitação à violência não são por si só impeditivos da proteção constitucional do direito de reunião. Aqui partilhamos do entendimento de que a eventual ilicitude penal ou ilegalidade dos atos dos participantes da reunião não resulta necessariamente em violação do requisito do seu caráter pacífico, pois reações com resistência passiva, bloqueios com manifestantes sentados, podem ser sancionados na esfera criminal, mas não (ao menos não necessariamente) desvirtuam o direito de reunião como tal.[127]

---

[123] Cf., por todos, MENDES, Gilmar Ferreira; BRANCO, Paulo Gustavo G. *Curso de direito constitucional*, p. 335.

[124] Cf. CANOTILHO, J. J. Gomes; MOREIRA, Vital. *Constituição da República Portuguesa anotada*, p. 639.

[125] Idem, ibidem, por todos. No Brasil, v., por todos, PIVA, Otávio. *Comentários ao art. 5º da Constituição Federal de 1988 e teoria dos direitos fundamentais*, p. 105, acompanhando o magistério de Celso Ribeiro Bastos.

[126] Cf. MENDES, Gilmar Ferreira; BRANCO, Paulo Gustavo G., op cit., p. 334.

[127] Cf. CANOTILHO, J. J. Gomes; MOREIRA, Vital, op cit., p. 639.

Assim, uma determinação do Poder Público no sentido de proibir ou suspender a reunião, inclusive mediante o uso da força policial, deverá sempre ter caráter excepcional e apenas se justifica quando os atos praticados durante a reunião afetem direitos fundamentais de terceiros de modo significativo ou coloquem em risco a ordem pública, sem que, contudo, se interprete a noção de ordem pública de modo genérico. Apenas a clara indicação de que a reunião está afetando concretamente a segurança pública poderá justificar as restrições mais gravosas do direito de reunião, como é o caso da proibição e da dissolução.[128]

Nesta quadra, situam-se hipóteses de concorrência entre o direito de reunião e a liberdade de expressão, como nos casos em que a liberdade de reunião implica, como já referido, a expressão de opiniões e afirmações que tenham caráter ofensivo e mesmo possam ser enquadradas no assim chamado "discurso do ódio".[129] O problema não encontra resposta uniforme no direito comparado e envolve, por exemplo, a discussão sobre o quanto devem ser admitidas reuniões e manifestações de caráter racista, xenófobo, ou mesmo, como se deu recentemente no Brasil, discursos que se situam na linha limítrofe da instigação ao crime, o que foi apreciado pelo STF no assim chamado julgamento da "marcha da maconha".[130] Por ocasião desse julgamento, que opera como importante *leading case* para o direito brasileiro, o STF considerou – mediante provocação do Procurador-Geral da República – legítima e não sancionável na esfera penal passeata destinada a sensibilizar as autoridades públicas no sentido de obter a descriminalização do consumo de drogas leves, como é o caso especialmente da maconha, concluindo pela interpretação conforme à Constituição do art. 287 do CP, que deve ser compreendido de modo

---

[128] Nesse sentido, v., também, CANOTILHO, J. J. Gomes; MOREIRA, Vital. *Constituição da República Portuguesa anotada*, p. 641.

[129] Vale lembrar o HC 82.424-RS, Rel. Min. Moreira Alves, julgado em 17.09.2003 (Redator para acórdão Min. Maurício Corrêa). Trata-se do caso Ellwanger, de cuja ementa extrai-se: "1. Escrever, editar, divulgar e comerciar livros *"fazendo apologia de idéias preconceituosas e discriminatórias"* contra a comunidade judaica (Lei n° 7.716/89, artigo 20, na redação dada pela Lei 8.081/90) constitui crime de racismo (...). 6. Adesão do Brasil a tratados e acordos multilaterais, que energicamente repudiam quaisquer discriminações raciais, aí compreendidas as distinções entre os homens por restrições ou preferências oriundas de *raça*, cor, credo, descendência ou origem nacional ou étnica, inspiradas na pretensa superioridade de um povo sobre outro, de que são exemplos a xenofobia, "negrofobia", "islamofobia" e o anti-semitismo. 13. Liberdade de expressão. Garantia constitucional que não se tem como absoluta. Limites morais e jurídicos. O direito à livre expressão não pode abrigar, em sua abrangência, manifestações de conteúdo imoral que implicam ilicitude penal. 14. As liberdade públicas não são incondicionais, por isso devem ser exercidas de maneira harmônica, observados os limites definidos na própria Constituição Federal (...)".

[130] Cf. o julgamento da ADPF 187/DF, rel. Min. Celso de Mello, j. 15.06.2011, *Informativo STF* 631. No julgamento da ADIn 4.274, rel. Ayres Britto, j. 23.11.2011, o STF entendeu de dar interpretação conforme à Constituição Federal também ao § 2° do art. 33 da Lei 11.343/2006.

a não impedir manifestações públicas em defesa da legalização de drogas. De acordo com a decisão do STF, a mera proposta de descriminalização de uma conduta não se confunde com a incitação à prática delitiva nem configura apologia de crime, sublinhando-se (o que se verifica no voto do relator, Min. Celso de Mello, e de diversos outros ministros que o acompanharam) que os movimentos conhecidos como "marcha da maconha" são movimentos sociais espontâneos e que, mediante a livre expressão do pensamento e da opinião, reivindicam o debate público e democrático a respeito da criminalização do consumo de drogas. Chama a atenção no julgamento, a ênfase colocada na combinação do direito de reunião com a liberdade de expressão, pois vários ministros justificaram a decisão com base no livre exercício do direito de expressão. Aliás, a própria inicial da ADPF invocou tanto uma violação da liberdade de expressão quanto da liberdade de reunião, o que também ilustra a hipótese de uma concorrência de direitos e de que determinadas intervenções podem afetar simultaneamente mais de um direito fundamental. Voltaremos, a seguir, ao ponto.

Embora a CF não exija autorização prévia, ainda que a reunião se realize em espaço aberto, o texto constitucional refere a necessidade de aviso prévio à autoridade competente por parte dos promotores da reunião. Tal aviso não apenas cumpre a função de assegurar o direito de preferência quanto ao local de realização da reunião (já que o direito de uns não pode afetar reunião já previamente agendada para o mesmo local, de acordo com a própria Constituição),[131] mas também permite que se venham a assegurar de maneira mais eficaz os direitos de terceiros e mesmo que o Estado possa melhor cumprir com o seu dever de proteção em relação ao próprio direito de reunião. De acordo com o entendimento dominante na doutrina, a ausência do aviso--prévio por si só não justifica a dissolução da reunião, sem prejuízo de eventual responsabilização cível ou mesmo criminal dos responsáveis, especialmente quando a reunião é pacífica, em homenagem aos critérios da proporcionalidade e mesmo de razoabilidade.[132]

Por outro lado, embora a CF não tenha traçado expressamente a distinção entre reuniões em locais abertos (vias públicas, praças etc.) e fechados, a exigência do aviso-prévio se revelará como no mínimo

---

[131] Cf., por exemplo, MENDES, Gilmar Ferreira; BRANCO, Paulo Gustavo G. *Curso de direito constitucional*, p. 336.

[132] Cf., dentre tantos, CANOTILHO, J. J. Gomes; MOREIRA, Vital. *Constituição da República Portuguesa anotada*, p. 640, MIRANDA, Jorge; MEDEIROS, Rui. *Constituição portuguesa anotada*, p. 466. Na doutrina brasileira, v., por todos, MENDES, Gilmar Ferreira; BRANCO, Paulo Gustavo G. *Curso de direito constitucional*, p. 337.

questionável quando se tratar de reuniões fechadas em espaços privados, já que em princípio não poderá ocorrer colisão de reuniões no mesmo espaço privado e também interesses de terceiros estarão salvaguardados.[133] Uma intervenção nesses casos, por sua vez, terá necessariamente caráter ainda mais excepcional do que quando se tratar de reuniões em locais abertos.

A exigência do aviso-prévio, que não equivale em hipótese alguma a uma prévia autorização, assume função de dar publicidade ao ato e de assegurar medidas de proteção ou mesmo permitir, em casos justificados, uma interdição da reunião, mas não constitui requisito autônomo impeditivo da reunião.

Tendo em conta que a norma constitucional que exige o aviso-prévio é de eficácia plena, portanto, diretamente aplicável, não se faz necessária edição de lei regulamentando tal exigência, ainda que a lei possa contribuir em muito para o adequado exercício do direito de reunião. Por outro lado, o fato de se tratar de norma constitucional de aplicação imediata (direta) não acarreta, por si só, a revogação de toda e qualquer norma legal ou infralegal anterior, pois isso somente ocorrerá quando a legislação anterior for manifestamente incompatível com o teor da Constituição nova. Assim, muito embora se possa considerar revogado o art. 3º da Lei 1.207/1950, que atribuía à autoridade de maior categoria do Distrito Federal e das cidades fixar, ao começo de cada ano, as praças destinadas aos comícios,[134] isso não significa que toda a lei tenha sido revogada, pois a revogação apenas se dá, convém reiterar, nos casos de incompatibilidade com as exigências da Constituição em vigor, que não proíbe a regulamentação do aviso-prévio nem de aspectos relativos ao direito de reunião.[135]

Quanto à incidência, no caso de reuniões em vias públicas e que causem transtornos para o fluxo de veículos e de pessoas, da prescrição contida no art. 95 do Código Brasileiro de Trânsito, que refere a necessidade de permissão prévia por parte do órgão ou entidade de trânsito com circunscrição sobre a respectiva via pública, deve ser interpretada em sentido compatível com a CF, afastando-se a exigência

---

[133] Cf. as acertadas ponderações de MENDES, Gilmar Ferreira; BRANCO, Paulo Gustavo G. *Curso de direito constitucional*, p. 336.

[134] Cf. o entendimento de Gilmar Ferreira Mendes e Paulo Gustavo G. Branco. Idem, p. 336.

[135] Equivocada em parte, portanto, a posição de PIVA, Otávio. *Comentários ao art. 5º da Constituição Federal de 1988 e teoria dos direitos fundamentais*, p. 106, pois, além de referir que se trata da posição majoritária da doutrina, citando apenas dois autores, ainda que expressivos, não observou que um dos autores citados, no caso Gilmar Ferreira Mendes, e outros não afirmaram a revogação integral da Lei 1.207/1950, mas apenas do seu art. 3º.

Constituição e Direito Penal – TEMAS ATUAIS E POLÊMICOS

de autorização prévia nos casos (mas apenas nesses) em que se configurar uma reunião.[136]

Limitações quanto ao modo de exercício do direito de reunião (ressalvada, é claro, a proibição do uso de armas e o seu caráter pacífico) são, em princípio, ilegítimas sob o ponto de vista constitucional. Nesse sentido, situa-se, por exemplo, decisão do STF que considerou inconstitucional decreto expedido pelo Governador do Distrito Federal que proibia a realização de reuniões na área da Praça dos Três Poderes com o uso de carros de som.[137]

A questão das limitações ilegítimas quanto ao modo de exercício do direito de reunião leva diretamente ao próximo ponto, no âmbito do qual se pretendem avaliar os limites da liberdade de reunião no contexto das manifestações recentes que têm colocado à prova as possibilidades do sistema constitucional das liberdades fundamentais justamente quando este está a completar o seu primeiro quartel de existência.

2.3. Manifestantes, vândalos e mascarados: o pluralismo da voz das ruas na tensão das leis penais

Junho de 2013: "Aconteceu também no Brasil. Sem que ninguém esperasse. Sem líderes. Sem partidos nem sindicatos em sua organização. Sem apoio da mídia. Espontaneamente. Um grito de indignação contra o aumento do preço dos transportes que se difundiu pelas redes sociais e foi se transformando no projeto de esperança de uma vida melhor, por meio da ocupação das ruas em manifestações que reuniram multidões em mais de 350 cidades. (...). De forma confusa, raivosa e otimista, foi surgindo por sua vez essa consciência de milhares de pessoas que eram ao mesmo tempo indivíduos e um coletivo, pois estavam – e estão – sempre conectadas, conectadas em rede e enredadas na rua, mão na mão, tuítes a tuítes, post a post, imagem a imagem. Um mundo de virtualidade real e realidade multimodal...".[138]

---

[136] Cf., por todos, PIVA, Otávio. *Comentários ao art. 5º da Constituição Federal de 1988 e teoria dos direitos fundamentais*, p. 106-107.

[137] Cf. ADIn 1.969, rel. Min. Ricardo Lewandowski, j. 28.06.2007.

[138] Com tais palavras, em julho de 2013, Manuel Castells, em posfácio sobre o Brasil, descreveu os acontecimentos que se desencadearam a partir de junho de 2013, cf. CASTELLS, Manuel. *Redes de indignação e esperança*: movimentos sociais na era da internet. Rio de Janeiro: Zahar, 2013, p. 178-9. Fundamentalmente, há uma crise de representação denunciada de modo histórico pelas redes de que trata o autor e que tomaram conta das ruas nos últimos tempos (tais movimentos sociais, tendo a ferramenta da internet à disposição, remontam à Tunísia, à Islândia, à [primeira] revolução egípcia, às insurreições árabes, aos indignados da Espanha, ao "Occupy Wall Street".

Perceptível o tom celebratório, é fato que as manifestações perduram, multiplicam-se, ramificam-se e, pontualmente, mas com certa frequência, descambam, ainda que em setores minoritários, para atos de violência e vandalismo – em aberto, nalguns casos, se ação violenta como programa político ou reação a intervenções policiais desastradas quando não arbitrárias.[139] O "manifestante", aquele mesmo que foi escolhido pela *Time* como personalidade de 2011, algo glamourizado ao início dos protestos, logo foi resvalando para a categoria dos "vândalos" (uma minoria, ditava parte da mídia, ainda tateando a maneira mais adequada de retratar os fatos) e acabou desaguando nos "mascarados", rapidamente associados a perigos e badernas, contra os quais o senso comum e políticos à esquerda e à direita (se é que tal régua ideológica advinda da França pré-revolucionária ainda descreve adequadamente a polarização e o espectro das lutas sociais) chamam por limites e repressão.[140] O Brasil vem de ser apresentado aos *Black blocs*, que parecem encarnar, real ou no imaginário, o papel de *hooligans* das liberdades públicas.

Nesta quadra, emblemática a Lei Estadual n° 6.528/2013, promulgada pelo Governador do Rio de Janeiro, Sérgio Cabral, em 11 de setembro de 2013, por acaso (?) figura das mais fustigadas pela ventania das ruas. Seu art. 1°, grandiloquente e retórico, afirma que o direito constitucional à reunião pública para manifestação de pensamento será protegido pelo Estado. Todavia, o art. 2° é frontal: "é especialmente proibido o uso de máscara ou qualquer outra forma de ocultar o rosto do cidadão com o propósito de impedir-lhe a identificação", consignando seu parágrafo único a livre manifestação do pensamento, vedado o anonimato. Quanto ao modo de exercício, além de pacífica e sem armas, a reunião será em locais abertos (art. 3°, II) e "sem o uso de máscaras nem de quaisquer peças que cubram o rosto do cidadão ou

---

[139] CASTELLS, *Redes*, p. 106-9, enfrenta a espinhosa questão da violência (da deliberação à ação), tendo como pano de fundo o que chamou de revolução "rizomática" dos 'indignados' na Espanha. Parte da noção de que manifestações de rua são a mais antiga forma de ação coletiva e que o movimento, desde o início, estava disposto a enfrentar a "arrogância do poder", num contorno de desobediência civil. Conclui, ao relatar vicissitudes específicas, que se estabeleceu como axioma do movimento "que a não violência era essencial (...) um princípio básico da nova cultura da paz (...) nunca é correto envolver-se em violência ativa ou mesmo reagir a ataques violentos da polícia".

[140] Noutro contexto, a sutileza linguística importa em diversos e mais ou menos gravosos tipos penais. A Rússia, confrontada por "ativistas" do Greenpeace, primeiro formulou acusação por "pirataria" (pena de até 15 anos de prisão) para, diante da pressão internacional, reenquadrá-los como "vândalos", pena de até 7 anos de reclusão. Detalhe: "A acusação de vandalismo está longe de ser retórica na Rússia. É, por exemplo, a principal acusação apresentada contra as três mulheres da banda Pussy Riot, condenadas em agosto de 2012 a dois anos de detenção em um campo de trabalho por terem cantado, no início daquele ano, uma 'oração punk' crítica ao presidente Vladimir Putin, na catedral do Cristo Salvador, em Moscou" (*Zero Hora*, 24/10/2013, p. 29 – Crime menor: trocou para vandalismo).

dificultem sua identificação" (art. 3º, III e IV). A par de regular o prévio aviso (interessante a consideração pela internet no § 5º do art. 3º), entre as armas incluem-se as de fogo, brancas, pedras, bastões, tacos e similares (§ 1º do art. 3º). A vedação das máscaras, entretanto, não se aplica às manifestações culturais estabelecidas no calendário oficial do Estado (§ 3º do art. 3º – salva-se o Carnaval!). As intervenções policiais justificam-se para efetivar as condições estabelecidas no art. 3º e para defender o direito a outra reunião anteriormente convocada, as pessoas e o patrimônio público e privado (art. 4º). Com tal perfil, há vários projetos legislativos em gestação no País.[141]

Assentado o propósito de coibir abusos e atos de vandalismo de toda a espécie, e certo que houve manifestações concretas pretéritas com tal viés, vale lembrar os deveres de proteção estatais, que envolvem prestações de segurança para o exercício do direito de reunião, devendo o Poder Público assegurar aos participantes da reunião o livre exercício e sem perturbações do seu direito, o que envolve a proteção contra grupos de oposição, evitando que os participantes da reunião sejam agredidos ou submetidos a riscos. Dentre tais medidas, razoável a prévia identificação dos manifestantes e, mesmo, a proibição do uso de máscaras ou similares?

Destaca-se, desde logo, a gritante inconstitucionalidade do inciso III do artigo 3º da indigitada lei, já que a Constituição não restringe reuniões em locais fechados, salvo se, em interpretação conforme, a norma extraída do texto, no particular, signifique desnecessidade de aviso-prévio para reuniões fechadas em espaços privados, como já se aventou no item anterior.

Evidente, como se dá com as liberdades fundamentais em geral, que os direitos de reunião e de manifestação não são absolutos, pois esbarram em limites previstos na própria Constituição Federal (que protege apenas reuniões pacíficas e sem armas) e na legislação, especialmente pelo fato de impactarem outros direitos fundamentais da cidadania, como as liberdades de locomoção, a segurança e saúde públicas, entre outros.[142] Como dispõe o citado artigo 15 da Convenção

---

[141] Inspirada, por exemplo, na lei fluminense, proposta similar recém-protocolada na Assembleia Legislativa do Rio Grande do Sul (*Zero Hora*, 24/10/2013, p. 18 – Protesto na rua: proposta proíbe uso de máscaras).

[142] O Min. Gilmar Mendes, em declaração de voto na ADI 4.274/DF, no escopo de substantivar a discussão, e a partir da premissa do caso Ellwanger (as liberdades públicas não são absolutas), aduziu não lhe parecer "que toda e qualquer reunião pode ser permitida", diferenciando debate de políticas públicas (marcha da maconha) de uma reunião para difundir ideias racistas (o Min. Ayres Britto, Relator, exclui reuniões de proposta beligerante). Para uma discussão do caso Ellwanger, STF HC 82.424/RS (17/9/2003), vide WEINGARTNER NETO, *Liberdade religiosa*. Porto Alegre: Livraria do Advogado, 2007, p. 299-305.

Americana de Direitos Humanos, o exercício deste direito pode ser objeto de restrições desde que, previstas na lei, sejam necessárias, numa sociedade democrática, para a segurança nacional, a segurança pública, a defesa da ordem e a prevenção do crime, a proteção da saúde ou da moral (tópico que demandaria outro artigo), ou a proteção dos direitos e das liberdades de terceiros.

Assim, a identificação e detenção dos autores de atos de violência pessoal e patrimonial é desde logo legítima, desde que sem abusos, nunca é demais ressaltar. Há, porém, um arsenal possível, distribuído numa gama de medidas interventivas, que, a despeito do objetivo de assegurar o pleno exercício da liberdade de reunião e salvaguardar direitos de terceiros, nem sempre correspondem aos requisitos constitucionais, importando, ao fim e ao cabo, em violações dos direitos de reunião e de manifestação. Nesta senda, quer nos parecer, infletiu a indigitada lei estadual.

Por um lado, ao especificar que pedras, de acordo com o que vem acontecendo, mormente transportadas em mochilas, compreendem-se na noção de arma (como abrangendo todo e qualquer instrumento que possa ser utilizado como meio de agressão), andou bem o legislador. Por outro, transbordou em relação ao uso de máscaras, nomeadamente no seu art. 2º, *caput*, combinado com o art. 3º, IV. Aliás, mesmo que aprovada numa filtragem constitucional, a lei continuaria de duvidosa efetividade, considerando-se o elemento subjetivo agregado à conduta proibida, que na pragmática das ruas demandaria escrutínio inviável – pois é proibido o uso da máscara com o propósito de impedir a identificação do cidadão, uma espécie de tipo subjetivo de tendência, o *animus específico anounimous*.[143]

Todavia, a restrição às mascaras *a priori* não se legitima. Seja porque poderiam ter propósito defensivo, a resguardar, em primeiro plano, os participantes da reunião, seja porque não são utilizadas para fins de agressão. Deve prevalecer o entendimento de que, por si só, a utilização de tais objetos não se enquadra na noção de armas e não desnatura o caráter pacífico de uma reunião. Já por tal razão, a legislação importa em restrição ilegítima da liberdade de reunião e de manifestação. Seja porque usar máscara não significa, *tout court*, anonimato. A proibição ao anonimato (art. 5º, inciso IV), de plena incidência no exercício tradicional da liberdade de imprensa, não resulta inconciliável com a possibilidade do uso, desde que de modo pacífico, de máscaras ou congêneres pelos manifestantes. A internet, aliás, bem de ver, acar-

---

[143] Talvez a intenção dos poderes políticos seja simbólica, um *marketing* legislativo que se situa entre o autoritário e o inócuo.

Constituição e Direito Penal – TEMAS ATUAIS E POLÊMICOS

reta uma série de questionamentos em relação a conceitos anteriores, como autoria, privacidade, participação etc. No caso, e simplesmente, pode-se harmonizar a máscara com a devida identificação, desde que postulada pela autoridade pública, em face de motivos razoáveis.

Também, a reforçar a possibilidade de ostentar máscaras, convoca-se a autodeterminação existencial, seja no modo de trajar-se, e as vicissitudes do véu e de outros símbolos religiosos poderiam ilustrar algumas convergências,[144] seja como discurso simbólico, com plena cobertura da liberdade de expressão, pelo menos verossímil que, em certa medida, máscaras sejam mensagens políticas (do palhaço ao V de vingança). Convém recordar que desde o período das tragédias gregas, o uso de máscaras assume precisamente uma determinada forma de expressão do pensamento,[145] um meio de comunicação, não podendo ser, pelo menos não como regra e salvo circunstâncias muito particulares, genericamente proibido – o que avulta, sobremaneira, nas sociedades midiáticas e espetaculares contemporâneas, na qual um dado imagético transforma-se em "meme" viral em velocidade exponencial. Também não se pode descurar da eventual conveniência do cidadão de não se desnudar em praça pública, nomeadamente se em jogo posições inconvencionais ou contramajoritárias, num arco que vai do receio da hostilidade no ambiente de trabalho à reprovação familiar. Aqui se pode aventar um *chilling effect* no debate público,[146] a redundar numa democracia de baixa intensidade.

Ademais, e fundamental, a mera previsão pelas autoridades de que possam ocorrer atos de violência ou tumultos não basta, por si só, para legitimar a proibição da reunião, sendo necessário, como pontua a doutrina constitucional dominante, que existam atos de violência que caracterizem a reunião como tal e que não advenham de uma minoria de participantes. Pelo contrário, em ocorrendo atos de violência contra os manifestantes pacíficos, é de acionar o dever de proteção estatal, vale dizer, o poder público deverá intervir para proteger a liberdade de reunião e os seus participantes.

Resulta que apenas a clara indicação de que a reunião (determinada espaço-temporalmente) está afetando concretamente a segu-

---

[144] Cf. WEINGARTNER NETO. *Liberdade religiosa*, p. 264-72.

[145] O Min. Ayres Britto, Relator da ADI 2.274/DF, consignou em seu voto que "cidadão é o ativo habitante da cidade, naquele sentido de Cidade-Estado, que não é centro senão o da originária pólis grega".

[146] No contexto da necessidade de não paralisar a imprensa e de fomentar a reportagem investigativa, trata-se do efeito de arrefecimento em WEINGARTNER NETO, Jayme. *Honra, privacidade e liberdade de imprensa: uma pauta de justificação penal*. Porto Alegre: Livraria do Advogado, 2002, p. 248-57.

rança pública poderá justificar as restrições mais gravosas do direito de reunião, como é o caso da proibição e da dissolução, o que deverá sempre ter caráter excepcional e quando evidentemente não existir outro meio de proteger direitos fundamentais essenciais de terceiros e dos próprios manifestantes. O que, aliás, nos leva ao discurso constitucional de crise, arregimentado-se o estado de defesa ou de sítio.[147]

Neste diapasão, a mera ocupação temporária (desde que, é claro, observados os demais requisitos da liberdade de reunião) de rodovias, praças e outros locais públicos, desde que não impeditiva de vias minimamente razoáveis de deslocamento, não poderá justificar a proibição e dissolução da reunião e muito menos amparar atos de violência contra os manifestantes, incluindo aqui a proibição do uso de máscaras. Com isso, todavia, não se confunde a legítima possibilidade de identificação dos manifestantes, com ou sem máscara, quando forem flagrados incorrendo em atos de violência e que desbordem dos limites explícitos (reunião pacífica e sem armas) da liberdade de reunião, de modo a assegurar a sua regular e ulterior responsabilização.[148] Tal solução se revela como sendo idônea e menos gravosa, portanto, aprovada a partir dos critérios próprios ao teste de proporcionalidade.[149]

2.4. Considerações finais

A gramática ora delineada serve como filtro para uma leitura contemporânea e constitucionalmente adequada da Lei de Segurança

---

[147] Esta parece ser a posição do Min. Ayres Britto, Relator da ADI 4.274/DF, ao registrar no seu voto: "Daí a impossibilidade de restrição que não se contenha nas duas situações excepcionais que a presente Constituição Federal prevê: o estado de defesa e o estado de sítio (art. 136, § 1º, inciso I, alínea *a*, e art. 139, inciso IV)". Também a do Min. Celso de Mello, Rel. da ADPF 187/DF (p. 19 do voto sobre o mérito) – acrescenta que pretender impor controle oficial sobre o objeto das manifestações caracterizaria inconstitucional poder inibitório do Estado (p. 18), tampouco servindo, para restringir o direito, invocar "razões fundadas em mero juízo de oportunidade, de conveniência ou de utilidade" (p. 21). Aqui, embora quase não caiba no espaço, é de repudiar, por tudo que ficou dito – ao menos no atual contexto fático-valorativo –, iniciativas/propostas de enquadrar os manifestantes no art. 20 da Lei nº 7.170/83 (Lei de Segurança Nacional), assim como na recente Lei nº 12.850/2013 (Lei de Organizações Criminosas).

[148] Neste contexto, lúcido o comentário de Hélio Schwartsman, colunista da Folha de São Paulo (edição eletrônica de 18/9/2013 – *Marketing* legislativo): "Mesmo que a regra de Cabral fosse eficaz, mereceria críticas, já que sociedades abertas precisam resistir à tentação de criminalizar condutas que não sejam elas próprias antissociais só para facilitar o trabalho da polícia. O problema não é nem nunca foi esconder o rosto, mas sim valer-se do anonimato para depredar patrimônio. O remédio para isso não é vetar máscaras, mas capacitar a polícia para intervir de forma eficiente, detendo os vândalos em flagrante". Disponível em <www.folha.uol.com.br/colunistas>, acesso em 19/09/2013.

[149] Sobre o teste da proporcionalidade no âmbito das restrições aos direitos fundamentais, v., por todos, SARLET, Ingo. *A eficácia dos direitos fundamentais*. 10ª ed. Porto Alegre: Livraria do Advogado, 2009, p. 395/402.

Nacional (Lei nº 7.170/1983), especialmente, diante da relativa abertura, pelo menos nalgumas figuras típicas, dos artigos 17 e 18 (tentar mudar a ordem mediante grave ameaça; tentar impedir o livre exercício dos Poderes mediante grave ameaça), do artigo 20 (crimes comuns muito agravados pelo elemento subjetivo "por inconformismo político") e dos artigos 22 e 23 (fazer propaganda de processos ilegais para alteração da ordem política ou social; incitar a subversão da ordem política e social).

Por outro lado, recentemente regulamentou-se o artigo 5º, inciso XLII, da CF, no que pertine ao terrorismo, editada a Lei nº 13.260, de 16 de março de 2016. Notório o embate na esfera pública, diante de certa (natural) pressão da comunidade internacional com a iminência da Olimpíada do Rio de Janeiro (agosto de 2016), consta que com apoio oficial do G20 e, de outro lado, a resistência de organizações não governamentais, que recusavam a criminalização dos movimentos sociais. Numa solução de compromisso, o legislador operou ponderação ao excluir do conceito de atos de terrorismo a "conduta individual ou coletiva de pessoas em manifestações políticas, movimentos sociais, sindicais, religiosos, de classe ou de categoria profissional, direcionados por propósitos sociais ou reivindicatórios, visando a contestar, criticar, protestar ou apoiar, com o objetivo de defender direitos, garantias e liberdades constitucionais, sem prejuízo da tipificação penal contida em lei" (§ 2º do artigo 2º da referida lei).

Seja como for, a partir das diretrizes trazidas nesse capítulo, não se afigura razoável, ainda que no propósito legítimo de proteção de terceiros contra abusos no exercício da liberdade de reunião, silenciar a voz das ruas, ou mesmo comprimir seu espectro até o risco de amortecimento auditivo, por mais incômoda, ruidosa, e até ruinosa para determinado figurino do Estado que se apresente. *Vox populi*, ainda que polifônica e com notas desarmônicas e dissonantes,[150] substancia o legítimo titular da soberania num Estado Democrático de Direito.

---

[150] "Pois o que é irreversível no Brasil como no mundo é o empoderamento dos cidadãos, sua autonomia comunicativa e a consciência dos jovens de que tudo que sabemos do futuro é que eles o farão." (CASTELLS, *Redes*, p. 182).

3. Tortura no prisma penal

3.1. Preliminarmente

A discussão em torno da ilegitimidade jurídica (mas também moral) da tortura e da imposição de tratamentos desumanos e degradantes na esfera das relações humanas perpassa o processo civilizatório e mesmo, em certo sentido, o qualifica ou desqualifica. Não é à toa que se poderia afirmar – embora não apenas nesse caso – que tanto mais uma determinada sociedade se pode chamar de civilizada quanto maior for o respectivo repúdio a práticas (públicas e privadas) de caráter desumano e degradante, incluída a imposição de penas cruéis e desumanas e a própria tortura.

Nessa perspectiva, a evolução constitucional e a experiência do direito internacional (nos planos universal e regional) em termos de tratados de direitos humanos, revelam, hoje, uma gradual e praticamente consensual tendência no sentido da proscrição, tanto da tortura, quanto de práticas desumanas e degradantes em geral, seja mediante inserção de tal vedação em tratados mais abrangentes, seja por meio da criação de documentos específicos, ademais do aperfeiçoamento dos mecanismos de controle e das respectivas sanções, ainda que de efeito limitado, na seara internacional.

No plano doméstico, da legislação interna dos Estados, contudo, ainda se verificam imensas diferenças no trato da questão. Com efeito, já na seara da regulação legal (em sentido amplo) da matéria são significativamente distintas as alternativas encontradas, ainda que, de regra, se parta da proibição constitucional (explícita ou implícita) da tortura e do tratamento desumano e degradante. Bastaria aqui ilustrar com o exemplo da tortura, onde as respostas legislativas, especialmente quanto à definição do respectivo âmbito de proteção e das sanções previstas em caso de violação da proibição, são ainda bastante variadas. A própria distinção entre a tortura e as outras modalidades, designadamente o tratamento desumano ou degradante, não é líquida e segue gerando amplo debate, como, aliás, se poderá observar no caso brasileiro, logo mais adiante. Igualmente acirrada a discussão em torno da possibilidade de, a depender das circunstâncias, relativizar a proibição da tortura ou práticas similares em prol da proteção de outros interesses e direitos de matriz constitucional. Aqui, como se pode constatar, assume relevo tanto o "se" quanto o "como", pois a relativização poderia se dar mediante a previsão de exceções, vale dizer, de situações nas quais a tortura e eventual tratamento desumano ou degradante seria permitido, ou apenas por meio da aplicação de sanções menos gravosas ao autor da tortura (a depender da justificação apresentada em concreto) ou do aproveitamento (no todo ou em parte), como ocorre na hipótese da prova ilícita, de informações e provas em geral obtidas mediante a prática de tortura (sem prejuízo da controvérsia em torno das consequências a serem tomadas em relação aos autores de eventuais indignidades).

De qualquer sorte, o espectro de questões é imenso, de modo que imperiosa a delimitação do tema para efeitos desse ensaio. Desde logo – convém enfatizar – a nossa análise vai centrada na ordem jurídica brasileira, ainda que vez por outra se busque socorro no direito estrangeiro ou internacional, neste último caso, em função das obrigações assumidas pelo Brasil quando da ratificação de tais instrumentos, que integram a ordem jurídica interna dotados de hierarquia supralegal, pelo menos de acordo com a atual orientação adotada pelo Supremo Tribunal Federal (STF).

Dito isso e tendo presente que a Constituição Federal de 1988 (doravante apenas CF), no seu art. 5º, III, estabeleceu uma categórica proibição da tortura e de todo e qualquer tratamento desumano e degradante (além de, no art. 5º, XLIII, considerar inafiançável, imprescritível e insuscetível de graça ou anistia a tortura; e no art. 5º, XLVII, proibir a imposição de penas cruéis), são dois pontos que se pretendem explorar.

Num primeiro momento, tendo em conta que o fio condutor é o do direito constitucional, é o caso de inserir a proibição da tortura e de tratamentos desumanos ou degradantes no contexto mais amplo da CF, designadamente para o efeito de identificar a sua relação com o princípio da dignidade da pessoa humana. No segundo passo, à vista das particularidades de determinadas situações concretas que têm sido discutidas especialmente na seara judicial, importa identificar e avaliar como a legislação infraconstitucional, designadamente na esfera penal, acabou por definir e distinguir entre a tortura e as outras duas modalidades insculpidas no texto constitucional (tratamento desumano ou degradante).

Assim, e por força de uma necessária delimitação do espectro que se oferece, é a distinção entre os ilícitos de tortura, lesão corporal e maus-tratos, tal como levada a efeito pela legislação brasileira que aqui nos ocupa. É, portanto, a consistência jurídico-constitucional de tal opção legislativa e de suas respectivas sequelas que será o objeto de nossa reflexão, inclusive no que diz com as respectivas consequências na esfera penal. Para tanto, adiantando aqui o percurso a ser transcorrido, iniciaremos com a perspectiva constitucional, discutindo a relação entre a garantia da dignidade da pessoa humana e a proibição da tortura, para, na sequência, investir na conformação legal da questão, do ponto de vista penal e da distinção entre tortura e delitos eventualmente correlatos, além de seus respectivos desdobramentos.

3.2. A proibição da tortura e de tratamento desumano e degradante

Assumindo-se como correto que a dignidade da pessoa humana (que aqui assume papel central), na condição de norma jurídica, possui a dupla natureza de princípio e regra, sendo a primeira passível, mesmo que em situações excepcionais, de ponderação com outros princípios e bens jurídico-constitucionais,[151] resta saber se e em que medida a dignidade na sua versão de regra poderá ser tida como de caráter absoluto (ao menos no sentido emprestado por Robert Alexy), de que não é possível resolver eventual conflito mediante ponderação e um juízo de proporcionalidade. Para tanto, nada melhor do que lançar um olhar sobre o exemplo da proibição da tortura e de todo e qualquer tratamento desumano e degradante, objeto da presente investigação.

No caso brasileiro, de acordo com o que dispõe o artigo 5º, III, CF, a tortura (assim como todo e qualquer tratamento desumano e degradante), como se sabe, encontra-se vedada por norma de direito fundamental específica, com estrutura de regra, pois se trata de norma proibitiva de determinada conduta. Ainda que inexistisse dispositivo constitucional específico vedando expressamente a tortura, tal prática implica inequivocamente a coisificação e degradação da pessoa, transformando-a em mero objeto da ação arbitrária de terceiros, sendo, portanto, incompatível com a dignidade da pessoa, regra que veicula aspecto nuclear da proteção da dignidade da pessoa humana.

---

[151] Cf. por todos e de modo paradigmático ALEXY, Robert. *Theorie der Grundrechte*. 2ª ed. Frankfurt am Main: Suhrkamp, 1994, p. 94 e ss.

Tal linha de entendimento, aliás, revela-se absolutamente afinada com a evolução jurídico-constitucional contemporânea e a opção do legislador internacional em matéria de direitos humanos, que, ainda mais no caso da tortura, guarda umbilical ligação com a própria proteção da dignidade da pessoa e da aplicação, neste caso, da referida fórmula-objeto, que veda toda e qualquer coisificação (instrumentalização) da pessoa humana. Convém registrar, no contexto, que entre nós já existe pacífica e reiterada posição do Supremo Tribunal Federal,[152] chancelando a vedação absoluta da tortura, ainda que tal reconhecimento, por si só, não impeça a ocorrência de tal prática, mas tenha por efeito a sua ilegitimidade jurídica. Da jurisprudência internacional, destacamos um dos julgamentos da Corte Europeia de Direitos Humanos, do dia 28.07.1999 (caso Selmouni contra a França), onde – em que pese ter a Corte se declarado incompetente para o efeito de estabelecer uma indenização pelos danos causados – foi reconhecido que o uso da força por ocasião de um interrogatório, especialmente (mas não exclusivamente) quando caracterizada a tortura, é manifestamente incompatível com a vedação estabelecida pelo artigo 3º da Convenção Europeia de Direitos Humanos, que proíbe a tortura e qualquer tratamento desumano ou degradante, assim como se trata de ato incompatível com a dignidade da pessoa humana.[153] Também o Tribunal Constitucional Federal da Alemanha, desde o início de sua profícua judicatura, situa a hipótese da tortura e do tratamento desumano e degradante (inclusive mediante referência reiterada aos métodos utilizados no período nacional-socialista) como absolutamente vedada com base na dignidade da pessoa humana, colacionando-se, em caráter ilustrativo, decisão mais recente onde estava em causa a prática de tortura na esfera de investigação policial, o conhecido caso "Daschner", no qual o Tribunal afirmou que a utilização da tortura reduz a pessoa inquirida à condição de mero objeto do combate ao crime, representando violação de sua pretensão de respeito e consideração constitucionalmente tutelada, além de destruir pressupostos fundamentais da existência individual e social do ser humano.[154]

---

[152] Cf., por exemplo, a decisão proferida no Habeas Corpus nº 70.389-SP, relatado pelo Ministro Celso de Mello e publicado no DJ em 23.06.1994, hipótese em que se tratava de tortura contra criança e adolescente.

[153] Cf. decisão citada na *Revue Trimmestrielle des Droits de L'Homme*, 2000, p. 123 e ss., seguida de um comentário de Pierre Lambert.

[154] Cf., BVerfg (K), NJW 2005, 656 (657), tradução livre da seguinte passagem no original: "Die Anwendung von Folter macht die Vernehmungsperson zum blossen Objekt der Verbrechensbekämpfung unter Verletzung ihres verfassungsrechtlich geschützten sozialen Wert-und Achtungsanspruchs und zerstört grundlegende Voraussetzungen der individuellen und sozialen Existenz des Menschen".

Nesse mesmo contexto, da vedação da prática de atos degradantes e desumanos, situa-se o problema da humilhação, ou seja, de o quanto atos praticados por pessoas que submetem outras pessoas a situações humilhantes, para efeito de aferição da ocorrência de uma violação da dignidade da pessoa humana, podem e devem ser equiparados às hipóteses do tratamento desumano e/ou degradante. Que a resposta há de ser positiva, no sentido de que atos de humilhação representam também uma violação da dignidade, parece (ou deveria parecer) incontroverso e tem sido amplamente reconhecido, embora a polêmica em torno de quais os atos que efetivamente podem ser enquadrados na hipótese. Um exemplo digno de nota, ainda mais em função da discussão que gerou na esfera pública, pode ser encontrado na Súmula nº 11 do STF, que restringiu o uso de algemas por parte da autoridade judiciária e policial, exigindo justificativa devidamente fundamentada para tanto, mas que aqui não será objeto de desenvolvimento.

O caso da tortura e da vedação de qualquer tipo de tratamento desumano ou degradante assume, além disso, importância no que diz com a discussão a respeito da existência, ou não, de direitos absolutos, no sentido de absolutamente imunes a qualquer tipo de intervenção restritiva. De outra parte, sem que se vá desenvolver o ponto propriamente dito, há que relembrar – mais uma vez! – que se está em face, no que diz com a estrutura normativa, de uma regra impeditiva de determinada(s) conduta(s) (tal, como formulada expressamente no artigo 5º, inciso III, da CF), regra que, de outra parte, diz respeito justamente ao que se poderia enquadrar no âmbito do núcleo essencial do princípio da dignidade da pessoa humana.

Assim, a vedação da tortura e a impossibilidade de "flexibilização" (ponderação com outras regras e/ou princípios) da regra correspondente não se revela incompatível com a tese de que na sua condição de princípio a dignidade da pessoa humana não é absolutamente infensa a algum tipo de restrição (pelo menos no que diz com a definição do seu âmbito de proteção pelo legislador e pelo Juiz), embora se reconheça que o tema merece maior reflexão.[155] A própria regra proibitiva da tortura e de qualquer tratamento desumano ou degradante não deixa de assegurar uma razoável margem de apreciação por parte tanto do legislador (a quem incumbe, em primeira linha, selecionar os atos que se enquadram na hipótese) quanto por parte dos órgãos jurisdicionais, que terão inclusive a missão de avaliar a

---

[155] No mesmo sentido, v., por último, SILVA, Virgílio Afonso da. *Direitos Fundamentais*. Conteúdo Essencial, Restrições e Eficácia. São Paulo: Malheiros, 2009, p. 200-202.

correção da opção legislativa ao definir o que (e o que não) é tortura ou mesmo o que configura (ou não) tratamento desumano ou degradante, ou, para mencionar outro exemplo importante, o que são penas cruéis, já que também vedadas por regra constitucional expressa no Brasil e em muitos outros Estados, mas também proscrita no âmbito do direito internacional dos direitos humanos. Algo similar, apenas para ampliar o espectro, se passa com o assim chamado mínimo existencial, que, na acepção de Robert Alexy, exerce a função de um direito subjetivo definitivo a prestações (com ou sem articulação com outros direitos fundamentais) e em face do qual cedem os princípios colidentes,[156] o que não dispensa uma regulação legal do conteúdo do mínimo existencial e uma – nesse caso relativamente ampla – margem de conformação legislativa.

Para que fique suficientemente clara a nossa posição, o que se está a dizer é que eventual margem de ação para definição (com vistas à extração de efeitos jurídicos, ainda mais quando se trata de justificar a imposição de sanções, como se verifica precisamente no caso da discussão travada no presente texto) do que significa tortura e/ou tratamento desumano e degradante (ou mesmo mínimo existencial), não equivale a dizer que, mesmo com o objetivo de salvar vidas de terceiros, se possa – no âmbito de uma "ponderação" das dignidades dos envolvidos – considerar juridicamente legítima a prática da tortura, muito embora não sejam tão poucos assim os defensores de tal possibilidade.[157] Com efeito, volta-se a frisar que a regra impeditiva da tortura e de tratamento desumano e degradante já poderia (como de fato, assim o tem sido em diversos ordenamentos jurídicos) ser deduzida diretamente como expressão da dignidade da pessoa humana, no âmbito de um conteúdo mínimo universalizável, como, de resto, demonstra a evolução no plano do próprio direito internacional dos direitos humanos em que, seja no plano regional, seja no plano universal, a tortura foi categoricamente proscrita.

O exemplo da vedação da tortura bem ilustra a já referida função da dignidade da pessoa humana como cláusula (ética e jurídica) de

---

[156] Cf. ALEXY, Robert. *Theorie der Grundrechte*, op. cit., p. 465 e ss. Tal entendimento (muito embora nem sempre as decisões judiciais demonstrem argumentativamente e de modo controlável como no caso concreto se dá o juízo de ponderação) tem sido recorrentemente adotado na prática decisória dos Tribunais brasileiros, inclusive pelo STF, quando em causa direitos sociais a prestações (v., por ex. o julgamento da STA 175, março de 2010, Rel. Ministro Gilmar Mendes).

[157] Cf., na doutrina alemã (embora se trate de entendimento minoritário), BRUGGER, Winfried., *Menschenwürde. Menschenrechte*, Grundrechte, Baden-Baden: Nomos, 1996, p. 23. Nos Estados Unidos da América, onde o tema alcançou significativa repercussão especialmente após o trágico atentado de 11.09.2001, v., entre tantos, a discussão do problema em POSNER, Richard. *Not a Suicide Pact*. The Constitution in a Time of National Emercency, Oxford University Press, 2006, p. 77 e ss.

barreira, que fundamenta uma espécie de "sinal de pare", inclusive no sentido de operar como um "tabu" (no sentido de não ter sua validade absoluta condicionada a qualquer justificativa de matriz dogmática, não estar sujeito a uma ponderação e dela não necessitar para efeitos de ter sua eficácia jurídica e de regulação reconhecida),[158] a estabelecer um "território proibido", onde o Estado não pode intervir e onde, além disso, lhe incumbe assegurar a proteção da pessoa (e sua dignidade) contra terceiros. Por outro lado, que mesmo tal uso da dignidade, por várias razões (independentemente da correção – importa repisar – da proibição da tortura e de outras condutas manifestamente ofensivas à dignidade) não se revela imune a controvérsias, vai aqui assumido, assim como se assume a opção de não desenvolver o tópico. O que nos anima, como já anunciado, é avaliar a legitimidade da opção do legislador infraconstitucional (no Brasil) ao definir os delitos de tortura, maus-tratos e lesões corporais e a melhor maneira de harmonizar tal opção e as necessárias distinções entre tais figuras típicas com o princípio da dignidade da pessoa humana e a proibição constitucional da tortura e de tratamentos desumanos e degradantes. É o que buscaremos fazer na sequência.

3.3. A opção legislativa e a construção de soluções típicas diferenciadas: tortura, lesões corporais, maus-tratos

O quadro legal que se nos apresenta no plano doméstico revela relativa complexidade, dada a convivência de normas de épocas diversas e com motivações político-criminais diferentes. O fio condutor, como já adiantado, seja em virtude do mandamento constitucional expresso de criminalização da tortura (art. 5º, XLIII, CF), seja pela existência de regras constitucionais específicas (proibição da tortura e de tratamento desumano e degradante, proibição da imposição de penas cruéis e a garantia da integridade física e moral dos presos, respectivamente art. 5º, III, XLVII, letra "e", e XLIX, CF), ou mesmo – o que por si só já seria suficiente – por força da consagração expressa da dignidade da pessoa humana como princípio fundamental e estruturante (artigo 1º, III, CF), há de ser a narrativa constitucional.

Já nesse plano é preciso sublinhar que o legislador infraconstitucional brasileiro levou a efeito opção que não se revela imune a alguma polêmica. É que o legislador infraconstitucional desbordou daquilo que se poderia designar de leito natural, ou seja, do direito interna-

---

[158] Sobre a dignidade da pessoa humana como "Tabu" v., por todos, POSCHER, Ralf. "Die Würde des Menschen ist Unantastbar", JZ 2004, p. 756 e ss.

cional, que conceitua a tortura como crime próprio, *a priori* restrito a um especial sujeito ativo, agente dotado de autoridade pública, de tal sorte que se chegou a cogitar da inconstitucionalidade da formulação legal doméstica, por configurar eventual excesso inconstitucional.

Com efeito, o artigo I, 1, da Convenção contra a Tortura e Outras Penas ou Tratamentos Cruéis, Desumanos ou Degradantes (Resolução 39/46 da Assembleia Geral da ONU, 10/12/1984), ao conceituar "tortura", vincula-se a "um agente público ou qualquer outra pessoa agindo a título oficial".[159] Mas, tanto, não torna a opção da Lei nº 9.455/97 inconstitucional, mesmo adotada a atual posição do STF que confere hierarquia supralegal aos tratados internacionais de direitos humanos devidamente internalizados. Primeiro, porque a "vinculação do legislador decorrente do específico dispositivo constitucional diz com a obrigação de construir fundamentos mínimos (e não de observar limites máximos) de tutela penal".[160] Clássico, no Estado democrático de direito, o espaço de configuração legislativa inclusive nessa seara, o que, de resto, guarda sinergia com a própria normativa internacional citada. Com efeito, lido na integralidade, o citado artigo I da Convenção, no seu item 2, logo ressalva: "O presente artigo não prejudica a aplicação de qualquer instrumento internacional ou lei nacional que contenha ou possa vir a conter disposições de alcance mais amplo".

A repulsa à tortura, no texto constitucional, é decisão fundamental que já vem estampada, consoante frisado e desenvolvido no item anterior, no inciso III do art. 5º da CF: "ninguém será submetido a tortura nem a tratamento desumano ou degradante". Tal dispositivo também foi invocado pelo STF – igualmente como já ventilado – ao editar a Súmula Vinculante nº 11, a disciplinar o uso de algemas, no

---

[159] Para uma discussão mais ampla sobre a proibição da tortura no direito internacional, veja-se FOLEY, Conor. *Combate à tortura: manual para magistrados e membros do ministério público*. Human Rights Centre, University of Essex (1ª ed. publicada no Reino Unido, 2003), p. 07-16. "O limite exato entre 'tortura' e quaisquer outras formas de 'penas ou tratamentos cruéis, desumanos ou degradantes' é de difícil identificação em geral, dependendo muitas vezes de circunstâncias específicas do caso e de características da vítima em particular. Ambos os termos incluem maus tratos físicos ou mentais que tenham sido infligidos intencionalmente, ou com o consentimento ou a aquiescência de pessoas no exercício de funções públicas" (p. 11, item 1.18). Há versão mais recente e modificada (FOLEY, Conor. *Protegendo os brasileiros contra a tortura: um manual para juízes, promotores, defensores públicos e advogados*. Brasília: International Bar Association (IBA)/Ministério das Relações Exteriores Britânico e Embaixada Britânica no Brasil, 2011), mantida a mesma ideia (p. 24-5), reconhecendo-se, à p. 12, que "existem algumas diferenças entre as definições de tortura contidas na lei brasileira e na Convenção das Nações Unidas contra a Tortura, alcance, e a quem se aplica (...)".

[160] FELDENS, Luciano. Comentário ao artigo 5º, XLIII. In: CANOTILHO, J. J. Gomes; MENDES, Gilmar F.; SARLET, Ingo. W.; STRECK, Lenio L. (Coords.). *Comentários à Constituição do Brasil*. São Paulo: Saraiva/Almedina, 2013. p. 399.

caso, em virtude de eventual configuração de tratamento degradante violador da dignidade da pessoa humana.[161]

Ao que tudo indica – e não se trata de exclusividade brasileira –, parece haver uma gradação na enumeração levada a efeito pelo constituinte, situada a tortura no ápice da gravidade. O legislador português, por exemplo, elencou a tortura no capítulo dos crimes contra a humanidade, tipificando no art. 243º (introduzido por uma reforma de 1995 e em face da Convenção contra a Tortura internalizada em 1988) a tortura e outros tratamentos cruéis, degradantes ou desumanos. Conservou-se, por outro lado, no leito tradicional do direito internacional,[162] delimitando-o como delito próprio, sujeito ativo quem tem por função a prevenção, perseguição, investigação ou conhecimento de infrações criminais, a execução de sanções penais ou a proteção, guarda ou vigilância de pessoa detida ou presa, e ainda acresceu especial fim de agir: obter confissão, depoimento, declaração ou informação, castigar ou intimidar a vítima. Trata-se de crime específico, "o que se justifica por historicamente estes comportamentos serem obras de pessoas cujas funções os facilitam".[163]

A opção legislativa brasileira seguramente foi outra, embora igualmente legítima. No caso doméstico, convém sublinhar, a tensão é maior, especialmente nas áreas fronteiriças já indicadas, quando em exame a tortura privada, ou seja, cujo agente não é investido da autoridade estatal. Muito embora a sua estrutura de regra, que ancora no âmbito do núcleo essencial do princípio da dignidade da pessoa humana e não permite que, por meio da técnica da ponderação, se venha a legitimar juridicamente a tortura, ainda que motivada pela

---

[161] Sobre o tema, v. SARLET, Ingo W; WEINGARTNER Neto, Jayme. "Dignidade da pessoa humana e o uso de algemas: uma proposta para uma adequada extensão e eficácia da Súmula Vinculante nº 11 do STF", in: *Revista de Estudos Criminais* nº 50, Jul./Set. 2013, p. 61-78.

[162] Tem-se em mente o direito internacional geral (convencional ou costumeiro), cujas normas emanam de fontes diversas como: "convenções internacionais, que estabelecem regras e costumes internacionais com prova de prática geralmente aceita como lei, os princípios gerais do direito reconhecidos pelas nações civilizadas e as sentenças judiciais, além de ensinamentos de eminentes juristas" (FOLEY, *Combate à tortura*, p. 7, item 1.6).

[163] ANTUNES, Maria João. *Comentário Conimbricense do Código Penal* – Parte Especial, Tomo II, artigos 202º a 307º. Jorge de Figueiredo Dias (Diretor). Coimbra: Coimbra Editora, 1999, p. 587. Quanto à gradação conforme a gravidade do comportamento do agente (que se reflete na medida da pena: "na base da pirâmide estão os tratamentos degradantes, seguindo-se-lhes, sucessivamente, os tratamentos desumanos, os tratamentos cruéis e, no topo, a tortura, como a forma mais grave" (p. 588). Em Portugal, há conceito legal de tortura: "o ato que consista em infligir sofrimento físico ou psicológico agudo, cansaço físico ou psicológico grave ou no emprego de produtos químicos, drogas ou outros meios, naturais ou artificiais, com intenção de perturbar a capacidade de determinação ou a livre manifestação de vontade da vítima" (art. 243º, 3, Código Penal). O emprego de meios e métodos de tortura particularmente graves configura o delito qualificado, "designadamente espancamentos, electrochoques, simulacros de execução ou substâncias alucinatórios" (art. 244º, 1, "b").

proteção de outros bens fundamentais, a vedação da tortura "não deixa de assegurar uma razoável margem de apreciação por parte tanto do legislador (a quem incumbe, em primeira linha, selecionar os atos que se enquadram na hipótese) quanto por parte dos órgãos jurisdicionais, que terão inclusive a missão de avaliar a correção da opção legislativa".[164] Aliás, tal margem de apreciação, consoante já adiantado, guarda harmonia inclusive com o que dispõe o Direito Internacional dos Direitos Humanos.

Assim, não passou despercebida aos comentadores a tensão entre algumas penas e determinadas práticas: "Uma situação sensível e delicada é a reprimenda dos pais em relação aos filhos. Os castigos corporais, apesar de bem mais moderados do que antigamente, ainda representam grande ameaça às crianças e aos adolescentes. Pais que castigam com rigor excessivo podem estar enquadrados nas situações previstas no texto constitucional".[165]

Com efeito, o *jus corrigendi*, como clássico exercício regular de um direito, cujo abuso configuraria maus-tratos, é causa de justificação (art. 23, III, 2ª parte, do Código Penal) em vias de extinção, se é que já não está sepultado. Nesse sentido, confira-se a seguinte passagem:

> É muito polêmica a regulação do direito de correção dos pais sobre os filhos, que, no âmbito internacional, tende decididamente a desaparecer. Assim, na Alemanha, a lei para a proscrição da violência na família de 2000 estabelece que "os filhos têm direito a uma educação sem violência. Os castigos corporais, as lesões psíquicas e outras medidas degradantes são ilícitos". Uma tendência similar é encontrada em muitos países europeus, como, por exemplo, na Espanha.
>
> Também no Brasil, um projeto de lei em vias de ser aprovado proíbe a aplicação de sanções corporais de qualquer natureza praticadas pelos pais ou quaisquer outras pessoas a qualquer título (alteração que incluirá o art. 18-A na Lei 8.069/1990 – ECA).
>
> Por outro lado, a normativa vigente no Direito Civil de alguns países permite corrigir moderadamente os filhos menores de idade não emancipados, sempre que seja objetivamente em seu próprio interesse e para favorecer sua educação (assim, art. 1.634, I, do CC brasileiro, mas que em nenhum momento autoriza expressamente a coerção física). Em alguns países, este tipo de regulação pode permitir algum tipo de castigo corporal, breves privações de liberdade ou em geral condutas caracterizáveis como coações. Todavia, consideramos necessário restringir ao máximo estas faculdades corretivas pois são práticas sujeitas a se transformarem em abusos. Em todo caso, a

---

[164] SARLET, Ingo W. *Dignidade da pessoa humana e direitos fundamentais na CF de 1988.* 9ª ed. Porto Alegre: Livraria do Advogado, 2011, p. 155. Tem-se, pois, "eventual margem de ação para definição (com vistas a extração de efeitos jurídicos, ainda mais quando se trata de justificar a imposição de sanções) do que significa tortura e/ou tratamento desumano e degradante".

[165] ARAÚJO, Luiz Alberto David. Comentário ao artigo 5º, III. In: CANOTILHO, J. J. Gomes; MENDES, Gilmar F.; SARLET, Ingo. W.; STRECK, Lenio L. (Coords.). *Comentários à Constituição do Brasil.* São Paulo: Saraiva/Almedina, 2013. p. 250.

regulação penal está condicionada pelas normas civis, mas tudo aquilo que exceder a mera correção (por exemplo, palmadas que provoquem autênticas lesões) ficará excluído da justificação e será, por isso, punível.[166]

Nelson Hungria, em texto cuja primeira edição remonta a 1943, referia-se, nos comentários ao art. 136 do Código Penal, à *emendatio propinquorum* (disciplina familiar/doméstica), e anotava a evolução dos costumes, a partir do declínio do poder do *pater familias*, sendo que, no Brasil, ainda há menos de meio século, exercia-se impunemente com vara de marmelo e férula tal poder na esfera doméstica. Ainda de acordo com as palavras de Nelson Hungria, "tais processos pedagógicos, porém, estão hoje radicalmente condenados. (...) Na atualidade [início da década de 40], é vedado tudo quanto ultrapasse a *vis modica*, a leve percussão, e se o fato expõe a perigo a saúde da vítima, entra na órbita do ilícito penal".[167]

Na dinâmica cultural de sociedades plurais e complexas, o Brasil legislou recentemente, consagrando o direito da criança e do adolescente de serem educados e cuidados sem o uso de castigos físicos ou de tratamento cruel ou degradante. A Lei nº 13.010, de 26/6/2014 (Lei Menino Bernardo), no que toca direto ao ponto, acresceu o art. 18-A ao Estatuto da Criança e do Adolescente (Lei nº 8.069/90), que, proibindo ambos, distingue castigo físico (ação de natureza disciplinar ou punitiva aplicada com o uso da força física que resulte em sofrimento físico ou lesão) de tratamento cruel ou degradante (conduta ou forma cruel de tratamento que humilhe, ameace gravemente ou ridicularize).

A evolução histórico-cultural esboçada, a indicar as diversas sensibilidades em torno de situações fáticas muitas vezes pantanosas, mostra a necessidade de estabelecer, em perspectiva, diretrizes razoáveis para enfrentar o tema.

Para navegação de fronteiras, pondera-se:

(i) O crime de maus-tratos, inclusive pelo que significa em termos de menor reprovação político-criminal, permanece literalmente como sendo de incidência excepcionalíssima; essa a função precípua de um crime de perigo, de aplicação subsidiária, que há de ser aplicado apenas para situações de meras vias de fato no âmbito doméstico ou lesões de baixo conteúdo de injusto, evidenciado e pertinente o fim educativo;[168] – re-

---

[166] FERRÉ OLIVÉ, Juan Carlos *et al. Direito penal brasileiro – parte geral: princípios fundamentais e sistema.* São Paulo: Revista dos Tribunais, 2011, p. 421-2.

[167] HUNGRIA, Nelson. *Comentários ao Código Penal*, volume V, arts. 121 a 136. 5ª ed. Rio de Janeiro: Forense, 1979, p. 452. Adiante, no que interessa ao deslinde do caso: "O Código não subordina a incriminação dos *maus tratos* à sua *habitualidade*; mas, em certos casos, somente com esta poderá apresentar-se o *eventus periculi*, indispensável ao crime. Fora de tais casos, a reiteração dos maus tratos constituirá *crime continuado*." (p. 453).

[168] Trata-se de subsidiariedade *implícita* ou *tácita*, considerando-se o bem jurídico protegido. "Ocorre, por exemplo, nos delitos de perigo concreto frente aos de lesão, nos que se protege o

gistra-se que não é pacífica a doutrina no que tange ao fim educativo, se é elemento subjetivo para além do dolo [*para fim de educação, ensino, tratamento ou custódia*],[169] ou trata-se de mera explicitação da relação de subordinação que enlaça os garantes sujeitos ativos?[170]

(ii) Já o crime de tortura tipifica-se, também pelo que significa em termos de maior reprovação político-criminal, nos casos em que o domínio parental, orientado para castigar ou prevenir condutas filiais, sendo externalizada por meio de violência ou grave ameaça, substancia-se em resultado de intenso sofrimento físico ou mental – devendo ser verificado com critérios apertados o correlato elevado grau de injusto;

(iii) Outrossim, quando materializadas lesões corporais na atuação dos pais sobre os filhos, mas não na extensão e/ou intensidade exigíveis para o gravoso patamar da tortura, a desclassificação primária (salvo peculiaridades que justifiquem saltar o degrau direto para os maus tratos) ocorre para a figura da lesão corporal no contexto da violência doméstica.

É perceptível, nesse contexto, que o próprio legislador, na edição da Lei nº 9.455/97, distinguiu duas grandes espécies de tortura, submetendo-as a exigências típicas diversas no seu art. 1º, mais apertadas no segundo grupo (inciso II), justo onde prevê a tortura-castigo/prevenção, cujos contornos se desenrolam amiúde nas relações privadas, domésticas e familiares. Elemento comum é o "emprego de violência ou grave ameaça" – e só! No primeiro caso (inciso I), os elementos subjetivos nos aproximam daquilo que se pode designar de leito natural da incriminação da tortura na experiência internacional. Com efeito, resulta claro na alínea "a" a finalidade de obter informação, declaração ou confissão da vítima ou terceiro. A alínea "b" contempla a tortura que tem por escopo provocar ação ou omissão de natureza criminosa, levando em conta, na hipótese, as organizações criminosas e o poder dos grupos paralelos. A terceira modalidade que integra o presente grupo, prevista na alínea "c", refere-se à prática de tortura motivada por razões de discriminação racial ou religiosa, o que, aliás, tem sido fonte de boa parte dos conflitos geopolíticos atuais. Já no

---

mesmo bem jurídico diante de diversas espécies de ataque. Diante da expansão do direito penal do risco e dos delitos de perigo, será muito frequente que a mesma conduta possa pertencer ao marco de um crime de perigo (antecipação do campo de proteção) e de lesão com relação ao mesmo bem jurídico, ou inclusive, poderá se tratar de diferentes bens jurídicos, se existir entre eles uma vinculação experimental." (FERRÉ OLIVÉ, p. 603).

[169] "Embora existindo a referida relação, mas se a finalidade das condutas tipificadas não se destinar a 'educação, ensino, tratamento ou custódia', o tipo penal deverá ser outro, quem sabe o dos arts. 132, 129 ou 121. Não sendo necessário, contudo, que haja coabitação do sujeito ativo com a vítima, nem que esta seja menor." (BITENCOURT, Cezar Roberto. *Código Penal Comentado*. 9ª ed. São Paulo: Saraiva, 2015, p. 570).

[170] "A previsão de estar o sujeito passivo sob autoridade, guarda ou vigilância 'para fim de educação, ensino, tratamento ou custódia' é apenas o motivo pelo qual a vítima se encontra à mercê do sujeito ativo, mas não sua finalidade especial. Exige o delito o elemento subjetivo do tipo específico ou dolo específico." (NUCCI, Guilherme de Souza. *Código Penal Comentado*. 15ª ed. rev., atual. e ampl. Rio de Janeiro: Forense, 2015, p. 779).

âmbito da segunda constelação (inciso II), a tortura implica que a ação anime-se "como forma de aplicar castigo pessoal ou medida de caráter preventivo".[171]

Registre-se, ainda, que inclusive os verbos nucleares do tipo penal, vestibulares aos incisos, são diversos, pois *constranger* (inciso I) é um *minus* em relação a *submeter* (inciso II). Assim, ao passo que no primeiro caso basta constranger, num grau de afetação visivelmente menor do bem jurídico tutelado, no segundo é preciso submeter, o que implica dominar, subjugar. Além disso, é de fundamental relevância que o próprio elemento normativo varia sensivelmente: na hipótese do inciso I, *basta causar sofrimento* físico ou mental; no caso do inciso II, *submete-se alguém a intenso sofrimento* físico ou mental.

À vista do exposto, é possível afirmar que o legislador, em adequada opção político-criminal, estabeleceu requisitos menos rigorosos para a tortura do inciso I, que se poderia designar de "tortura-de-finalidade-hedionda". Por outro lado, ao sancionar também a tortura--castigo/prevenção, inflou os critérios de aperfeiçoamento típico. No primeiro caso, a intensa e incontroversa reprovação no plano do direito internacional, aqui concretizada no plano doméstico, gera um balanceamento que se satisfaz com menos conteúdo de injusto de modo a configurar a prática do ilícito violador da dignidade humana. No segundo caso, na esfera do que se pode ter como sendo um *plus* de incriminação, abarca mesmo fins que se podem compreender a depender da situação concreta e das circunstâncias, designadamente quando configuradas situações sociais e afetivas sutis e complexas, como se dá nos casos de castigo e prevenção no âmbito familiar, tudo de modo a aumentar, por meio da ponderação, as exigências típicas, para com isso configurar, a depender do caso, maior conteúdo de injusto.

Em suma, o que se pretende demonstrar é que no primeiro crime, o especial fim de agir (particularmente reprovável) coaduna-se com atos objetivamente menos gravosos à dignidade das vítimas; no segundo crime, porque o fim transcendente não é, à partida, nefasto, é necessário cometer mais atos, ou então ato mais intenso, contra a dignidade das vítimas.

Importa sublinhar, ainda nessa quadra, que eventualmente os agentes públicos podem praticar, em casos de especiais relações de

---

[171] Observa-se, de passagem, que a "tortura gratuita", simples e terrível ato de sadismo, praticada entre estranhos, fortuita talvez, encontrará séria dificuldade de enquadramento típico no direito brasileiro. Quadro similar no direito português, que também exige intencionalidades específicas (*para* obter confissão, *para* castigar, *para* intimidar), de parte do agente: "Este elemento subjetivo exclui a incriminação dos casos que são conhecidos como de *tortura gratuita*, previstos, p. ex., no art. 175° do CP espanhol." (ANTUNES, *op. cit.*, p. 589).

sujeição (em que se verifica uma submissão *a priori*), a tortura-castigo/prevenção. Neste contexto híbrido, é possível sufragar a recondução do injusto ao leito natural do direito internacional, de tal sorte que o *standard* não precisa ser tão estrito quanto o da tortura privada nas relações domésticas. Aliás, segundo o Demonstrativo de Casos do Brasil perante o Sistema Interamericano de Direitos Humanos, a maioria das violações dos direitos das crianças e dos adolescentes abarca "casos de violência praticada contra adolescentes infratores submetidos a medidas privativas de liberdade em unidades da FEBEM (*sic*) dos Estados de São Paulo e do Rio de Janeiro".[172]

Portanto, e por outro lado, não é a finalidade educativa (elemento subjetivo) que diferencia a tortura-castigo/prevenção do crime de maus-tratos, no abuso dos meios de correção. É sim a gravidade objetiva da conduta, a par do elemento normativo *intenso sofrimento*, que vai discernir, para o juiz, se o mesmo fenômeno externalizado (determinada lesão corporal, por exemplo) vai plantar raízes numa ponta ou noutra do espectro tipológico, ou permanecer a meio-termo, na órbita, portanto, das lesões na esfera da violência doméstica. Acrescente-se que a finalidade transcendente (para castigar/educar) não é incompatível com motivação banal ou desproporcional e tampouco anula o dolo de lesão.

3.4. Considerações finais

O que importa fique retido, à vista das anotações precedentes, é que também no tocante ao problema da filtragem constitucional do problema da tortura, dos maus-tratos e de lesões corporais, tipos penais que devem ser compreendidos à luz da regra constitucional proibitiva da tortura e de tratamentos desumanos e degradantes, se há de examinar sempre o conjunto da obra,[173] ou seja, o caso concreto em todas as suas circunstâncias e no seu respectivo contexto, inventariando e avaliando todos seus matizes, a englobar diversos aspectos psíquicos, as distintas possibilidades em termos de ofensas corporais e as incontáveis variações de instrumento, ademais das consequências do ato.

---

[172] FOLEY, *Combate à tortura*, p. 142; *Protegendo os brasileiros*, p. 228.

[173] DIAS, Jorge de Figueiredo. *Direito Penal – parte geral – tomo I – questões fundamentais: a doutrina geral do crime*. São Paulo: Revista dos Tribunais; Portugal: Coimbra Editora, 2007, p. 978-89, discorre sobre o "critério da unidade ou pluralidade de sentidos sociais de ilicitude do comportamento global" para resolver a muitas vezes complexa questão de identificar unidade ou pluralidade de crimes, e eventual concurso. Para maiores detalhes, cf. Apelação Crime nº 70056671076, TJRS, Terceira Câmara Criminal, j. 08/5/2014, Rel. Des Jayme Weingartner Neto.

É apenas tal avaliação que permitirá, à luz do marco normativo referido – internacional, constitucional e legislativo, mas também dos precedentes jurisprudenciais – identificar e diferenciar a prática de tortura, de maus-tratos ou de lesões corporais no âmbito da violência doméstica, cuidando-se de tortura apenas nos casos de intenso sofrimento físico e/ou psíquico. A prudência hermenêutica, na linha exposta, permite harmonizar a severa reação à tortura, imperativo axiológico, devidamente modulado normativamente, com os ajustes tópicos na incessante busca do justo (da resposta proporcional), tarefa indeclinável da jurisprudência.

4. Algemas e Súmula Vinculante nº 11

4.1. Preliminarmente

A extensão e a eficácia da Súmula Vinculante nº 11 do Supremo Tribunal Federal (doravante, STF), que trata do uso de algemas, vêm sendo objeto de amplo debate, de modo especial em sede jurisdicional, considerando a repercussão prática do referido enunciado vinculativo. Abstraindo-se aqui a discussão em torno do instituto das súmulas vinculantes (por si só objeto de acirrada controvérsia, inclusive no plano doutrinário) em geral e da oportunidade e conveniência da edição de uma súmula buscando regular o uso de algemas em particular, o que se busca tematizar neste capítulo é *em que medida o princípio da dignidade da pessoa humana como fundamento de uma proibição de tratamento humilhante e degradante* (o que, desde logo, se assume como sendo a motivação e objetivo precípuo da Súmula nº 11) *implica determinada interpretação e aplicação do enunciado vinculativo por parte dos órgãos jurisdicionais ordinários*, especialmente quando agregam, no exame dos casos concretos, consequências não necessariamente cogentes, porquanto não explicitadas no texto da Súmula, para além de não encontrarem suporte na própria jurisprudência dominante no STF sobre tais aspectos. Explica-se:

De acordo com o que dispõe a Súmula Vinculante n. 11 do STF, que aqui se transcreve na íntegra: "Só é lícito o uso de algemas em casos de resistência e de fundado receio de fuga ou de perigo à integridade física própria ou alheia, por parte do preso ou de terceiros, justificada a excepcionalidade por escrito, sob pena de responsabilidade disciplinar, civil e penal do agente ou da autoridade e de nulidade da prisão ou do ato processual a que se refere, sem prejuízo da responsabilidade civil do Estado".

Do enunciado, destaca-se (sem prejuízo da polêmica em torno de eventual inversão promovida pelo STF ao afirmar o caráter excepcional do uso das algemas, e não o contrário) precisamente a parte que diz respeito às *consequências cominadas pelo STF no caso de falta de fundamentação por escrito e adequada da excepcionalidade do uso de algemas* (nos casos de resistência e de fundado receio de fuga ou de perigo à integridade física própria ou de terceiros), quais sejam, a possibilidade de responsabilização disciplinar, civil e penal do agente ou da autoridade que determinou o uso das algemas, bem como a nulidade da prisão ou do ato processual a que esta se refere, tudo sem prejuízo da responsabilidade civil do Estado.

Reduzindo ainda mais o espectro da investigação, o que nos move é especificamente a discussão sobre a *natureza (e consequências) da nulidade do ato processual praticado ao arrepio da Súmula*, pois embora o STF (como, de resto, o próprio STJ) – como será desenvolvido logo adiante – venha decidindo que se cuida de nulidade relativa, dependente da demonstração em concreto de prejuízo, não faltam decisões de Tribunais (em caráter ilustrativo, mas com particular ênfase, a exemplo das proferidas pela 3ª Câmara Criminal do Tribunal de Justiça do Rio Grande do Sul – TJRS) que anulam de oficio o ato processual (interrogatório e/ou audiência de instrução), portanto, sem que tenha mesmo havido requerimento da parte no sentido de que fosse justificado em audiência o uso das algemas, mas inclusive à míngua de pedido de cominação da sanção da nulidade em momento posterior, v.g., nas alegações finais ou mesmo em sede recursal.[174]

Sumariamente esboçado o problema específico que nos motiva e passando, na sequência, a estruturar a narrativa responsiva, o que se pretende sustentar, em síntese, é não apenas (1) a necessidade de uma *interpretação prudente* da Súmula nº 11, buscando sempre preservar a sua função *concretizadora* de manifestação essencial à *dignidade da pessoa humana* (2), mas especialmente apresentar e discutir os principais argumentos esgrimidos no âmbito da *querela jurisprudencial* em torno da natureza da *nulidade* ensejada pela falta ou inadequação e mesmo insuficiência da fundamentação adotada para justificar a excepcional utilização das algemas por determinação de agente ou autoridade público (3), ao que seguirá uma breve síntese *conclusiva* (4).

Registra-se, por oportuno, que mais do que uma análise baseada em levantamento bibliográfico geral e específico, cuida-se especialmente de uma discussão dos principais argumentos vertidos pelos

---

[174] Cf., em caráter ilustrativo, Apelação Crime nº 70052573169, Rel. Des. João Batista Marques Tovo, j. 14/3/2013; Apelação Crime nº 70053096376, Rel. Des. Diógenes Vicente Hassan Ribeiro, j. 14/3/2013; Apelação Crime nº 70053442240, Rel. Des. João Batista Marques Tovo, j. 14/3/2013; Apelação Crime nº 70053482717, Rel. Des. Diógenes Vicente Hassan Ribeiro, j. 25/4/2013. Mais recentemente, Apelação Crime nº 70065710238, Rel. Des. Diógenes Vicente Hassan Ribeiro, j. 27/8/2015 (no caso, a nulidade foi reconhecida de ofício, mas superada pelo desfecho absolutório).

agentes do Poder Judiciário, a partir, como já lembrado, dos precedentes da 3ª Câmara Criminal do TJRS, sempre em diálogo com a jurisprudência dos Tribunais Superiores, tudo tendo como eixo a dignidade da pessoa humana e sua significação concreta nas hipóteses que envolvem o uso de algemas.

4.2. Dignidade como proibição de humilhação e a gênese da Súmula

A dignidade da pessoa humana assume, para além da condição de valor e de imperativo deontológico, particular feição e assume múltiplas funções na ordem jurídico-constitucional. A exemplo do que se verifica em outros lugares, com destaque aqui para o paradigma da Lei Fundamental da Alemanha e da doutrina e da jurisprudência constitucional germânicas, que, como é notório, influenciaram profundamente a evolução constitucional ocidental subsequente, a dignidade da pessoa humana ocupa, em primeira linha, a posição de *princípio objetivo fundamental e estruturante do sistema constitucional brasileiro* (artigo 1º, III, CF/88), servindo, nesse sentido, como critério material da interpretação e aplicação dos demais direitos e garantias fundamentais e da ordem jurídica em sua totalidade. Mas a articulação do princípio da dignidade da pessoa humana com os direitos fundamentais não se esgota nessa função de matriz jurídico-objetiva, porquanto a dignidade da pessoa humana opera também como *fundamento e conteúdo de direitos*, ainda que não de todos os direitos fundamentais.[175] Por outro lado, no concernente à sua estrutura normativa, a exemplo do que ocorre com as normas de direitos fundamentais, a dignidade da pessoa humana poderá assumir a *dupla condição de princípio e de regra*,[176] como, na segunda hipótese, bem ilustra a proibição categórica e universal da tortura e de toda forma de tratamento desumano e degradante, textualmente consagrada no artigo 5º, III, da CF/88. À vista de tal exemplo, já é possível justificar que também no Brasil a dignidade da pessoa humana é tanto princípio geral e objetivo da ordem jurídico-constitucional quanto norma de direito fundamental, seja na

---

[175] Cf. a posição adotada pelo primeiro autor, SARLET, Ingo Wolfgang. *Dignidade da Pessoa Humana e Direitos Fundamentais na Constituição Federal de 1988*. 9ª ed. Porto Alegre: Livraria do Advogado, 2012, p. 100 e ss.

[176] Cf. Na literatura brasileira v., em ordem cronológica quanto à recepção e defesa da correspondente posição adotada por Robert Alexy, SARLET, Ingo Wolfgang. *Dignidade da Pessoa Humana*, op. cit., p. 86 e ss. (note-se que a primeira edição da obra remonta a 2001), bem como SILVA, Virgílio Afonso da. *Direitos Fundamentais. Conteúdo Essencial, restrições e eficácia*. São Paulo: Malheiros, 2009, p. 200-2002.

condição de cláusula geral e inclusiva de posições subjetivas fundamentais autônomas, seja, como já referido, pelo fato de – a depender do caso – coincidir com o núcleo essencial de outros direitos fundamentais que correspondem, como no exemplo da proibição da tortura e do tratamento desumano e degradante, a recortes autônomos que correspondem a determinadas exigências essenciais à dignidade da pessoa humana.

Considerando que a dignidade da pessoa humana é uma *categoria aberta* e que – embora fortemente condicionada por uma determinada tradição filosófica de matriz kantiana (apenas para referir o autor mais citado e que representa um marco central embora não exclusivo para o tema da dignidade humana) – tem sido objeto de um processo de permanente *reconstrução e densificação* quanto ao seu significado concreto, notadamente para o Direito e no que diz com a definição das situações que configuram sua violação, inevitável e mesmo necessário que os agentes e órgãos do Poder Judiciário, em especial os que exercem a jurisdição constitucional, tenham um papel de destaque nesse processo.

É exatamente o que ocorreu com o gradativo reconhecimento de uma função defensiva da dignidade da pessoa humana, no sentido de uma blindagem contra intervenções por parte dos poderes públicos e atores privados, especialmente quando em causa situações de notória violação de seus elementos essenciais, designadamente, quando em causa a redução da pessoa (concebida como sujeito autônomo ou pelo menos potencialmente racional e autônomo) à condição de mero objeto da ação alheia, o que deu ensejo à consagração, pelo menos na Alemanha, da difundida fórmula (Günter Dürig) do homem-objeto, como critério (não único, embora relevante) material e tópico para identificar *violações da dignidade humana*.[177] Nessa perspectiva, toda e qualquer instrumentalização ou reificação do ser humano, como se verifica justamente nas hipóteses da redução à condição de escravo, da tortura e de tratamentos tidos como desumanos ou degradantes, gradativamente incorporada aos textos constitucionais, à legislação interna dos Estados e ao sistema supranacional de proteção dos direitos humanos, configura já e sempre uma violação da dignidade da pessoa humana aqui compreendida como regra impeditiva de determinadas condutas, como bem ilustra o enunciado do artigo 5º, III, da Constituição Federal de 1988.

---

[177] Cf. DÜRIG, Günter. "Der Grundsatz der Menschenwürde. Entwurf eines praktikablen Wertsystems der Grundrechte aus Art. 1 Abs. I in Verbindung mit Art. 19 Abs. II des Grundgesetzes", in: *Archiv des öffentlichen Rechts* n. 81, 1956, p. 127.

Mas além da circunstância de que tortura, tratamento desumano e degradante são ainda cláusulas carecedoras de definição e concretização quanto ao seu próprio e particular suporte fático, não se trata, a enumeração, de um *numerus clausus*. Com efeito, o reconhecimento de um número significativo de outras hipóteses nas quais está em causa a condição da dignidade da pessoa humana como *critério material para a blindagem contra intervenções na esfera pessoal*, como se verifica justamente no caso da proibição de tratamento humilhante (modalidade de tratamento degradante, se assim preferirmos), encontra-se em *aberto para a regulação pelo legislador e proteção por parte dos órgãos jurisdicionais*. Aliás, este precisamente o mote do enunciado sumular do STF ora objeto de nossa análise, muito embora se deva reconhecer que a utilização de algemas quando da detenção de alguém pela autoridade pública (seja policial, seja judiciária) não corresponda, no plano do direito comparado, a uma reconhecida intervenção na dignidade da pessoa humana, mas sim, a depender do caso, modo e circunstâncias da imposição do uso de algemas, como, v.g., na exposição midiática do preso, hipótese que também se revelou relevante quando da edição da Súmula nº 11 do STF.

À vista do exposto, para melhor compreensão da *ratio* subjacente ao enunciado sumular ora comentado, vale reconstruir a própria trajetória e o contexto que ensejou não apenas a sua edição, mas também o seu particular conteúdo, que assumiu caráter analítico e não se limitou a proscrever o uso de algemas de forma degradante e/ou humilhante, com o que estaria preservada uma ampla e desejável margem de apreciação aos agentes policiais e em especial jurisdicionais.

Em primeiro lugar, cumpre lembrar a intensa *polêmica* que cercou a edição da aludida Súmula, parcialmente evocada pela simples leitura da sessão plenária de 13/8/2008, na qual o STF debateu e aprovou o teor vinculante. O estopim, como se sabe, foi o HC 91.952, julgado seis dias antes (Rel. Min. Marco Aurélio, j. 07/8/2008), caso de julgamento perante o Tribunal do Júri, no interior paulista, no âmbito do qual a defesa postulara expressamente, na abertura dos trabalhos, que o réu fosse liberado das algemas, diante da influência negativa que a figura a ferros causaria nos jurados.[178]

---

[178] Nos debates, o Min.-Relator, ao concordar com a Min. Carmen Lúcia, que relatou antigo e impressionante impacto negativo que tivera, na infância, ao ver um réu algemado num júri, acrescentou: "Foi o impacto que tive, quando presidente da Corte, ao ver descer de um avião, algemado, um ex-governador e ex-senador da República. E a minha expressão foi de carioca: 'isso é uma presepada'" (p. 873). E, mais adiante (p. 883): "Penso que houve, em relação a um acusado, até aqui simples acusado que foi resgatado de Mônaco, a formalização de *habeas* para não ser nem algemado nem filmado".

Constituição e Direito Penal – TEMAS ATUAIS E POLÊMICOS

Mas o *contexto* que efetivamente determinou a edição da Súmula era outro, designadamente o da *exposição pública das pessoas presas e algemadas pelos meios de comunicação*, como se extrai da seguinte manifestação do Ministro Gilmar Mendes: "Na verdade, quando estamos a falar hoje desta questão da algema, na prática brasileira, estamos a falar da aposição da algema para os fins de exposição pública (...) algemar significa expor alguém na televisão nesta condição, ou prender significa hoje algemar e colocar alguém na televisão" (STF, DJe nº 214/2008, p. 18, Min. Gilmar Mendes). Aliás, é de se recordar que parte da opinião pública, à época, se referia – de modo em geral crítico! – à súmula como "Cacciola/Dantas" (como se o enunciado normativo tivesse o intuito de proteger os mais abastados e determinadas autoridades públicas), mas, a despeito disso, o fato é que, na esfera pública, passaram a ser debatidos os riscos e limites de um estado policialesco e o acirramento da espetacularização midiática da persecução penal.[179]

Neste cenário, o STF, de ofício, aprovou a indigitada súmula. Para demonstrar as "reiteradas decisões em matéria constitucional" (CF, art. 103-A, *caput*), a Corte indicou mais duas decisões proferidas pelo STF já sob a égide da Constituição Federal de 1988. No primeiro caso, o HC 89.429, Rel. Min. Carmen Lúcia (2007), foi concedido salvo-conduto para que o Conselheiro Vice-Presidente do Tribunal de Contas do Estado de Rondônia (como já ocorrera com o Presidente do Tribunal de Justiça de Rondônia, HC 89.416), não fosse algemado nem exposto à exibição perante as câmeras da imprensa quando de sua transferência/condução da Superintendência da Polícia Federal, em Brasília, para ser ouvido no STJ. No outro julgado, mais antigo, o HC 71.195, Rel. Min. Francisco Rezek, também atinente ao Tribunal do Júri, a defesa alegara que o réu permaneceu algemado durante o plenário, mas o *writ*, contudo, foi indeferido, sendo a alegação de motivo de segurança considerada suficiente pelo STF, que observou que, no plenário, a defesa concordou com a manutenção das algemas. Soma-se ao quadro uma terceira decisão, que, entretanto, remonta ao longínquo ano de 1978 (RHC 56.465, Rel. Min. Cordeiro Guerra), caso referente à audiência de instrução na qual o réu estava algemado e na qual foi inquirida testemunha. Também neste caso a alegação de constrangimento foi afastada, não restando claro se houve postulação

---

[179] Para uma visão mais detalhada do fenômeno da espetacularização da comunicação social, bem como para situar a crônica policial e processual no âmbito da liberdade de imprensa, confira-se WEINGARTNER NETO, Jayme. *Honra, privacidade e liberdade de imprensa: uma pauta de justificação penal.* Porto Alegre: Livraria do Advogado, 2002, p. 108 e ss. e 261 e ss., respectivamente.

da defesa quando da audiência ou apenas em sede recursal ou de posterior revisão criminal.

A partir de tais precedentes, bem como mediante referência aos artigos 1º, III, 5º, III, X e XLIX, da CF; art. 350 do Código Penal, art. 284 do CPP, art. 234, § 1º, do Código de Processo Penal Militar, bem como o art. 4º, *a*, da Lei nº 4.898/1965, como se tratando de normas em torno das quais havia "controvérsia atual entre órgãos judiciários ou entre esses e a administração pública que acarrete grave insegurança jurídica e relevante multiplicação de processos sobre questão idêntica" (§ 1º do art. 103-A da CF, grifei), é que o STF justificou a edição da Súmula nº 11.

À vista do exposto, o que se verifica é que o STF redigiu uma norma restritiva do uso de algemas, cujo preceito pode assim ser formulado: *não use algemas sem necessidade*, visto que a técnica redacional avançou as três exceções que tornam lícita a utilização de algemas: casos de resistência; fundado receio de fuga; fundado receio de perigo à integridade física própria ou alheia, por parte do preso ou de terceiros. Quanto ao *valor/princípio subjacente à norma* (o que se extrai dos dispositivos constitucionais citados) resulta evidente que se trata da *dignidade da pessoa humana*.

Por outro lado, embora não explicitado no texto sumular, é possível, como já adiantado, afirmar que o enunciado vinculante também enseja a seguinte variante normativa: *não use algemas para humilhar*, vedando a prática de atos degradantes e desumanos, que violam a dignidade da pessoa humana.

Assim, embora questionável se o uso em si de algemas já representa uma violação da dignidade da pessoa (o que, se for admitido como correto, implica afirmar que a absoluta maioria dos Estados e de suas ordens jurídicas chancela prática indigna), o que merece destaque, sem prejuízo de outros aspectos a serem discutidos e da correção do uso do instituto da Súmula no caso, é a mensagem clara de que a humilhação pura e simples, o uso desnecessário e, portanto, abusivo, de algemas ou mesmo outros meios que reduzem a pessoa à condição de objeto ou limitam fortemente sua capacidade de ação e liberdade, assim como a exposição pública e não raras vezes para efeitos "midiáticos" (reforçando o argumento da humilhação) da pessoa algemada devem ser repudiados.[180]

Para fechar esta primeira etapa e sem adentrar mais a fundo a discussão, que desborda do escopo do presente ensaio, ao que parece

---

[180] Cf. manifestação anterior do autor SARLET, Ingo Wolfgang. *Dignidade da pessoa humana e direitos fundamentais*, op. cit., p. 154.

– e aqui em apertada síntese – a *violação da dignidade da pessoa humana*, na acepção sumulada do STF, reside na *imposição arbitrária*, porquanto *desnecessária e não devidamente justificada, das algemas e não no uso em si de tal método de contenção.* Dito de outro modo, eventual constrangimento físico e moral do preso, a prevalecer tal orientação, igualmente restaria configurado apenas quando não justificado (por escrito) o uso excepcional e necessário das algemas, mas não em virtude do uso das algemas em si.

Feitas tais considerações sobre a origem e finalidade da Súmula nº 11 e a sua imbricação (pelo menos em determinado sentido polêmica) com a dignidade da pessoa humana, é o caso de, no próximo segmento, avançarmos com o estudo de caso a que nos propusemos na introdução, qual seja, o da adequada compreensão das consequências, em particular a nulidade do ato processual, cominadas pelo enunciado normativo do STF.

4.3. Violação da Súmula e nulidade do ato processual em três distintas ocorrências: algemas midiáticas, no Plenário do Júri e na sala de audiência

A Súmula nº 11 do STF, já reproduzida na íntegra no capítulo introdutório, estabelece a sanção da nulidade da prisão e do ato processual à qual esta se refere quando não justificada por escrito a excepcionalidade do uso das algemas, de acordo com os parâmetros fixados pelo próprio enunciado vinculante. O STF, contudo, *não especificou a natureza da nulidade*, se absoluta ou relativa, de tal sorte que, em sede das instâncias judiciárias ordinárias, tal sanção passou a ser objeto de diferenciado e controverso tratamento à luz das circunstâncias de cada feito.

Exemplo disso podia ser identificado na orientação imprimida, por maioria, pela Terceira Câmara Criminal do Tribunal de Justiça do Rio Grande do Sul, nomeadamente ao longo de 2013, quando a nulidade vinha sendo decretada de ofício, portanto, sem requerimento das partes, em geral por ocasião do ato processual no qual o réu é interrogado (mas poderia tratar-se de apenado algemado atuando como testemunha), presumindo-se, *na falta de qualquer justificativa quanto ao uso excepcional das algemas, a configuração de constrangimento físico e moral do preso*, desconstituindo-se a sentença para fins de renovação da instrução, o que, de acordo com tais decisões, se reveste também de caráter pedagógico (Cf. Apelação Crime nº 70053096376, Relator Des. Diógenes Vicente Hassan Ribeiro, j. 28/3/2013).

A despeito da suposta bondade intrínseca de tal linha argumentativa, que tem por consequência – registre-se de passagem – a renovação de atos instrutórios, o prolongamento do feito e, eventual e paradoxalmente, a depender do caso, inclusive maior constrangimento para o réu! – é necessário avançar com a reflexão, à vista *dos evidentes limites pragmáticos e teoréticos de tal posicionamento*, dentre os quais a circunstância de que se está a contornar a questão de qual espécie de nulidade se trata, isto é, se absoluta ou relativa, descurando-se inclusive do tratamento que os tribunais superiores têm dado ao regime do prejuízo e, ainda, resvalando-se para um domínio de precedência absoluta da forma, sem espaço para qualquer ponderação.[181] Já por tais razões, temos que é imperativo enfrentar o problema de maneira sistemática e com maior fôlego, no escopo de clarear as necessárias distinções para uma resposta satisfatória às tensões postas pela incidência da súmula vinculante em tela no processo penal brasileiro.

É necessário, portanto, distinguir as diversas configurações fáticas e o seu respectivo e necessariamente peculiar enquadramento normativo e argumentativo. Num primeiro passo, é o caso de deslindar o *alcance do programa normativo estabelecido pelo preceito pretoriano, que condiciona o uso das algemas às hipóteses enunciadas na Súmula*. Em segundo lugar, percebe-se que o STF estabeleceu uma *condição de controle*, de aferição da inescapável margem de aplicação concreta pela autoridade policial ou judicial, qual seja, *a justificação da excepcionalidade por escrito*. Já no terceiro momento, cuida-se de aplicar *as sanções previstas na Súmula*: (i) responsabilidade (disciplinar, civil e penal) do agente/autoridade; e (ii) nulidade da prisão ou do ato processual a que se refere; sem prejuízo (iii) da responsabilidade civil do Estado.

À vista do exposto, é essencial desembaralhar os termos dessa complexa equação normativa. Com efeito, violar a súmula, na sua integridade, configura uma ilicitude, já que, à evidência, não se trata, propriamente, de uma ilegitimidade processual. Necessário frisar, todavia, que o preceito pode estar atendido (as algemas foram usadas em caso de necessidade) sem que a condição de controle tenha sido preenchida (ausência de fundamentação), de modo a configurar, nesta hipótese, uma ilicitude parcial. O que aqui se sugere, nesta senda, é que o ilícito, em si, total ou parcial, não é refratário à modulação de efeitos processuais (nulidade absoluta ou relativa) e tampouco à aplicação proporcional das sanções disciplinares, civis e penais ao agente (cumuladas ou selecionadas), em ambos os casos (ou num e noutro),

---

[181] Com tal premissa, o autor Jayme Weingartner Neto inaugurou voto divergente no âmbito da Terceira Criminal, HC nº 70054530308, Rel. Des. João Batista Marques Tovo, j. 21/5/2013.

eventualmente ainda em concurso com a responsabilidade civil do Estado.

Tais considerações, embora sumárias, permitem seguir com a análise para efeitos de, considerando a experiência acumulada nas lides forenses, identificar *três distintas e principais situações que integram o suporte fático da Súmula Vinculante nº 11 e que desafiam tratamento igualmente diferenciado* sem que se esteja a abrir mão da aplicação do enunciado vinculante.

O primeiro caso diz com o uso das algemas para efeitos eminentemente (ou pelo menos cumulativamente) midiáticos,[182] em geral patrocinadas pela autoridade policial, situação na qual verificada a humilhação e nuclearmente violada a dignidade do preso. Neste caso, resta configurada nulidade absoluta por afronta direta dos arts. 1º, III, e 5º, III (tratamento degradante), X (honra e imagem, pelo menos) e XLIX (desrespeito à integridade moral), nulidade que pode e deve ser decretada de ofício, acarretando, a par da responsabilização do binômio Estado/agente policial, a liberdade do preso. Não há, entretanto, que falar, *a priori*, de nulidade processual. Ademais, nada impede renovação do decreto prisional, presentes as hipóteses autorizativas, desde que, para efeito do uso de algemas, seja este devidamente justificado, bem como afastado o uso midiático proscrito pela Súmula nº 11.

A segunda hipótese, das *algemas nas sessões plenárias do Tribunal do Júri*, se desnecessárias e/ou desmotivadas, por igual configura nulidade absoluta, seja pela afronta aos mesmos dispositivos constitucionais citados (embora não necessariamente com a mesma intensidade e intenção!), seja por transgressão ao art. 474, § 3º, do CPP, também devendo ser decretada de ofício, acarretando, além da responsabilização do Estado e do agente responsável pelo ato, nulidade processual, uma vez presumível o prejuízo ao réu. Aqui assume relevo a circunstância de que especialmente nos processos da competência do Júri (hipótese, aliás, que originou a edição da Súmula ora em comento) os Jurados decidem por íntima convicção e sem fundamentação, impossibilitando assim o pleno controle da racionalidade da condenação, sendo inviável expurgar o gravame simbólico negativo da situação que resulta da apresentação algemada do réu quando da sessão

---

[182] Trata-se da constelação fática que parece ter sido o catalisador emocional do STF, a englobar uma série de possibilidades, inclusive serem patrocinadas por autoridade judiciária e cujo elemento comum afigura-se o evidente desvio de finalidade. Ressalva-se que não é o mero registro midiático da prisão – em si acontecimento da história de nosso tempo, mormente se de figuras públicas – que incorre em violação do preceito sumulado, pois muitas vezes as algemas se fazem necessárias, socorrendo, ainda, a posição preferencial das liberdades comunicativas, notoriamente a liberdade de imprensa. Sobre a posição preferencial da liberdade de imprensa, vide WEINGARTNER NETO. *Honra, Privacidade e liberdade de imprensa*, op. cit., p. 147 e ss.

de julgamento. Outrossim, também nesse caso a liberdade do preso (por força de liberação decorrente da nulidade do ato processual em função do uso indevido de algemas) deverá ser reavaliada, diante dos vetores do art. 312 do CPP e da duração razoável do processo (CF, art. 5º, LXXVIII).

A terceira hipótese, das *algemas nas audiências de instrução e julgamento de processos que não da competência do Tribunal do Júri*, se desnecessárias e/ou desmotivadas, configura, na perspectiva da proposta aqui articulada, nulidade relativa, que deve ser arguida pela defesa (e pelo Ministério Público), pena de preclusão, caracterizando possível afronta aos dispositivos constitucionais mencionados. Não implica, todavia, presunção de humilhação (diante do cenário controlado e fiscalizado pelas partes da sala de audiência),[183] embora presumível o prejuízo à defesa, tanto na modalidade pessoal (a autoimagem deprimida com a qual o réu enfrentará o interrogatório) quanto técnica (impressão negativa nas testemunhas e nos sujeitos processuais, inclusive o imparcial), o que deve ser ponderado em escrutínio rigoroso ao exame da fundamentação da eventual sentença condenatória.

A possibilidade de prejuízo, que não é inexorável, justifica o ônus da parte em levantar e controverter a situação humilhante, que não resulta, no caso, da mera utilização das algemas, mas na falta de necessidade e correspondente justificação pela autoridade. A ausência de fundamentação, por sua vez, não implica automática nulidade processual, mas configura, por si, violação da súmula e acarreta eventual responsabilização do binômio Estado/órgão jurisdicional. Aliás, em relação ao magistrado, que descumpriu dever formal de fundamentação axiologicamente reforçado, deveria haver, mesmo na ausência de prejuízo processual, verificação pelos órgãos de correição, pelo menos no sentido de orientação. Por outro lado, a liberdade do preso, em caso de anulação da sentença e da audiência de instrução e julgamento, deverá ser reavaliada, diante dos vetores do art. 312 do CPP e da duração razoável do processo (CF, art. 5º, LXXVIII).

As diretrizes aventadas, ao menos é o que se sustenta, coadunam-se com vertente majoritária da doutrina e da práxis jurisprudencial e realizam harmonização adequada dos valores em conflito na questão das algemas.

Os precedentes jurisprudenciais, sem definir se a nulidade é de natureza absoluta ou relativa, têm reiteradamente decidido "não configurar constrangimento ilegal a utilização de algemas, *desde que*

---

[183] Presunção que se deve inverter, todavia, se, mesmo diante de postulação defensiva, a autoridade judiciária não fundamenta a utilização das algemas.

devidamente fundamentada em elementos concretos que se amoldem às circunstâncias previstas na Súmula Vinculante 11/STF". Nesse sentido, calha transcrever ementa extraída de julgado do STF:

> RECLAMAÇÃO. PROCESSO PENAL. USO DE ALGEMA. ALEGAÇÃO DE CONTRARIEDADE À SÚMULA VINCULANTE N. 11 DO SUPREMO TRIBUNAL FEDERAL. NECESSIDADE DA MEDIDA FUNDAMENTADA. 1. Dispõe a Súmula Vinculante n. 11 que: "Só é lícito o uso de algemas em casos de resistência e de fundado receio de fuga ou de perigo à integridade física própria ou alheia, por parte do preso ou de terceiros, justificada a excepcionalidade por escrito, sob pena de responsabilidade disciplinar, civil e penal do agente ou da autoridade e de nulidade da prisão ou do ato processual a que se refere, sem prejuízo da responsabilidade civil do Estado". 2. A leitura do ato ora reclamado evidencia que a excepcionalidade da medida foi determinada em razão do perigo que o Reclamante representaria à integridade física daqueles que participaram da audiência se estivesse sem as algemas. Pautou-se a autoridade Reclamada na evidente periculosidade do agente. Fundamento consistente. Inexistência de contrariedade à Súmula Vinculante n. 11 do Supremo Tribunal. Precedentes. 3. Reclamação julgada improcedente (STF, Rcl 8712 / RJ, Relatora Ministra Carmem Lúcia, Tribunal Pleno, j. em 20/12/11).

Recentemente, em Agravo Regimental na Reclamação 14.663, Paraná, a Min. Rosa Weber forneceu outro caso de fundamentação consistente a afastar a violação da Súmula Vinculante nº 11:

> AGRAVO REGIMENTAL EM RECLAMAÇÃO. CRIMINAL. USO DE ALGEMAS EM AUDIÊNCIA. ALEGADO DESCUMPRIMENTO DA SÚMULA VINCULANTE 11. SUBSTRATO FÁTICO E JURÍDICO DIVERSO. ESTRITA OBSERVÂNCIA AO ENUNCIADO SUMULAR. IMPROCEDÊNCIA DA RECLAMAÇÃO. 1. Inexiste substrato fático ou jurídico capaz de atrair a incidência do enunciado da Súmula Vinculante 11, justificada a excepcionalidade do uso das algemas em audiência ante o fundado receio de perigo à integridade física alheia, ocasionado pelo alto número de réus e reduzida quantidade de policiais para garantir a segurança dos presentes durante a realização do ato. Precedentes. (STF, Agravo Regimental na Reclamação 14.663/PR, Min. Rosa Weber, j. 15/3/2016).

Por outro lado, não basta um "mero jogo de palavras", sendo de afastar que a "inconfessada premissa de que o uso de algemas configura regra não afastada pelo caso concreto", consoante Ag. Reg. na Rec. 22.557, Rio de Janeiro, Min. Edson Fachin:

> AGRAVO REGIMENTAL EM RECLAMAÇÃO. PROCESSO PENAL. VIOLAÇÃO À SÚMULA VINCULANTE 11. USO DE ALGEMAS SEM FUNDAMENTAÇÃO ADEQUADA. NULIDADE DA INTEGRALIDADE DOS ATOS PROCESSUAIS PRODUZIDOS NESSAS CONDIÇÕES. ALEGAÇÕES DE DESPROPORCIONALIDADE E EXCESSO DE PRAZO DA PRISÃO. AUSÊNCIA DE IMPUTAÇÃO DE FATO CONFIGURADOR DA COMPETÊNCIA DA CORTE. AGRAVO REGIMENTAL PARCIALMENTE PROVIDO. 1. A inobservância da Súmula Vinculante 11, por expressa previsão, acarreta a nulidade dos atos processuais produzidos em desacordo com sua enunciação. Acolhimento da irresignação para alcançar as provas testemunhais colhidas com a participação do acusado que, mesmo sem fundamentação adequada, permaneceu algemado durante

toda a audiência de instrução. (STF, Agravo Regimental na Reclamação 22.557, Min. Edson Fachin, j. 24/5/2016).

Do voto do Relator, extrai-se:

O fato de o réu encontrar-se preso é absolutamente neutro, pois não se imagina que o uso de algemas seja cogitado na hipótese de acusado que responde à acusação em liberdade. À obviedade, ao exigir causa excepcionante, a Súmula não se contenta com os requisitos da prisão, naturalmente presentes. Com efeito, é certo que as impressões do Juiz da causa merecem prestígio e podem sustentar, legitimamente, o uso de algemas. Não se admite, contudo, que mediante mero jogo de palavras, calcado no singelo argumento de que não se comprovou a inexistência de exceção, seja afastada a imperatividade da Súmula Vinculante. Se a exceção não se confirmou, a regra merece aplicação, de modo que, a teor do verbete, o ato judicial é nulo, com prejuízo dos posteriores. Ademais, *firme o entendimento do STF, assentando que o prejuízo deve ser concreta e oportunamente demonstrado* em cada situação, mesmo no plano das nulidades absolutas:

HABEAS CORPUS. PROCESSUAL PENAL. PACIENTE PROCESSADA PELO DELITO DE ASSOCIAÇÃO PARA O TRÁFICO SOB A ÉGIDE DA LEI 11.343/2006. PEDIDO DE NOVO INTERROGATÓRIO AO FINAL DA INSTRUÇÃO PROCESSUAL. ART. 400 DO CPP. IMPOSSIBILIDADE. PRINCÍPIO DA ESPECIALIDADE. ATO PRATICADO CONFORME A LEI VIGENTE À ÉPOCA. AUSÊNCIA DE DEMONSTRAÇÃO DO PREJUÍZO. ORDEM DENEGADA. I – Se a paciente foi processada pela prática do delito de associação para o tráfico, sob a égide da Lei 11.343/2006, o procedimento a ser adotado é o especial, estabelecido nos arts. 54 a 59 do referido diploma legal. II – O art. 57 da Lei de Drogas dispõe que o interrogatório ocorrerá em momento anterior à oitiva das testemunhas, diferentemente do que prevê o art. 400 do Código de Processo Penal. III – O princípio processual do *tempus regit actum* impõe a aplicação da lei vigente à época em que o ato processual deve ser praticado, como ocorreu, não havendo razão jurídica para se renovar o interrogatório da ré, como último ato da instrução. IV – Este Tribunal assentou o entendimento de que a demonstração de prejuízo, "a teor do art. 563 do CPP, é essencial à alegação de nulidade, seja ela relativa ou absoluta, eis que, (...) o âmbito normativo do dogma fundamental da disciplina das nulidades *pas de nullité sans grief* compreende as nulidades absolutas (HC 85.155/SP, Rel. Min. Ellen Gracie). V – Ordem denegada. (HC 113.625 / RJ SEGUNDA TURMA, j. em 11/12/12) (grifou-se).[184]

E a orientação permanece firme:

HABEAS CORPUS. PENAL E PROCESSUAL PENAL. INÉRCIA DO ADVOGADO CONSTITUÍDO DEVIDAMENTE INTIMADO. NOMEAÇÃO DE DEFENSOR PÚBLICO PARA APRESENTAÇÃO DE ALEGAÇÕES FINAIS. NULIDADE INEXISTENTE. ORDEM DENEGADA. 1. Como é cediço, o princípio do *pas de nullité sans grief* requer a demonstração de prejuízo concreto à parte que suscita o vício, independentemente da sanção prevista para o ato, pois não se declara nulidade por mera presunção. Precedentes. (HC STF 134.217, 31/5/2016, Min. Carmen Lúcia).

---

[184] Na mesma esteira, também do STF, v. HC 94.441 e HC 86.789.

Constituição e Direito Penal – TEMAS ATUAIS E POLÊMICOS

Não há como deixar de sublinhar que a palavra do STF é de especial relevância, pois, ao sancionar com nulidade a violação ao preceito normativo encerrado na Súmula Vinculante nº 11, o Pretório Excelso não aprofundou tal aspecto. Já por tal razão, além de ser legítimo distinguir, na esteira da doutrina, nulidade absoluta de relativa (a última a significar arguição pela parte, pena de preclusão), interpreta-se, num e noutro caso, o *topoi* das nulidades sempre ligado ao regime do prejuízo, concreto e demonstrado, exatamente nos termos sedimentados (e já apontados) pelo guardião constitucional, órgão, nunca é demais lembrar, emissor da súmula em apreço, e cuja prática decisória há de ser, em perspectiva teleológica e sistemática, devidamente considerada.

Nesse sentido, da banda da doutrina, destaca-se, para ilustrar e por representar – até onde se pode identificar – posição majoritária na doutrina e jurisprudência brasileiras, lição de Ada Pellegrini Grinover, Antonio Magalhães Gomes Filho e Antonio Scarance Fernandes:

A decretação da nulidade implica perda da atividade processual já realizada, transtornos ao juiz e às partes e demora na prestação jurisdicional almejada, não sendo razoável, dessa forma, que a simples possibilidade de prejuízo dê lugar à aplicação da sanção; o dano deve ser concreto e efetivamente demonstrado em cada situação.

Isso não significa que em todos os casos se exija a produção de prova da ocorrência de prejuízo; normalmente essa demonstração se faz através de simples procedimento lógico, verificando-se a perda da faculdade processual conferida à parte ou o comprometimento dos elementos colocados à disposição do juiz no momento da sentença tiveram influência no resultado final do processo.

Afirma-se que as nulidades absolutas não exigem demonstração do prejuízo, porque nelas o mesmo costuma ser evidente. Alguns preferem afirmar que nesses casos haveria uma presunção de prejuízo estabelecida pelo legislador, mas isso não parece correto em todos os casos, pois as presunções levam normalmente à inversão do ônus da prova, o que pode não ocorrer quando a ocorrência do dano não oferece dúvida.

(...)

No entanto, deve-se salientar que, seja o prejuízo evidente ou não, ele deve existir para que a nulidade seja decretada. E nos casos em que ficar evidenciada a inexistência de prejuízo não se cogita de nulidade, mesmo em se tratando de nulidade absoluta. (As nulidades no processo penal. 11ª ed. São Paulo: Revista dos Tribunais, 2009, p. 26/27).

No mesmo sentido, aliás, colacionam-se julgados do Superior Tribunal de Justiça, guardião, por seu turno, da integridade e autoridade do Direito Nacional:

HABEAS CORPUS SUBSTITUTIVO DE RECURSO ORDINÁRIO. DESCABIMENTO. COMPETÊNCIA DAS CORTES SUPERIORES. MATÉRIA DE DIREITO ESTRITO. MODIFICAÇÃO DE ENTENDIMENTO DO STJ, EM CONSONÂNCIA COM O STF.

TRÁFICO DE DROGAS. PACIENTE CONDENADO. ALEGAÇÃO DE NULIDADE ABSOLUTA. JUÍZO QUE INDEFERIU A FORMULAÇÃO DE PERGUNTAS PELO DEFENSOR DURANTE A REALIZAÇÃO DE INTERROGATÓRIO DE CORRÉU. EXCESSO DE PRAZO. CONSTRANGIMENTO ILEGAL NÃO EVIDENCIADO. *HABEAS CORPUS* NÃO CONHECIDO. 1. O Excelso Supremo Tribunal Federal, em recentes pronunciamentos, aponta para uma retomada do curso regular do processo penal, ao inadmitir o *habeas corpus* substitutivo do recurso ordinário. Precedentes: HC 109.956/PR, 1ª Turma, Rel. Min. Marco Aurélio, DJe de 11/09/2012; HC 104.045/RJ, 1ª Turma, Rel. Min. Rosa Weber, DJe de 06/09/2012; HC 108181/RS, 1ª Turma, Rel. Min. Luiz Fux, DJe de 06/09/2012. Decisões monocráticas dos ministros Luiz Fux e Dias Tóffoli, respectivamente, nos autos do HC 114.550/AC (DJe de 27/08/2012) e HC 114.924/RJ (DJe de 27/08/2012). 2. Sem embargo, mostra-se precisa a ponderação lançada pelo Ministro Marco Aurélio, no sentido de que, "no tocante a *habeas* já formalizado sob a óptica da substituição do recurso constitucional, não ocorrerá prejuízo para o paciente, ante a possibilidade de vir-se a conceder, se for o caso, a ordem de ofício". 3. "A relevância de se qualificar o interrogatório judicial como um expressivo meio de defesa do acusado conduz ao reconhecimento de que a possibilidade de o réu co-participar, ativamente, do interrogatório judicial dos demais litisconsortes penais passivos traduz projeção concretizadora da própria garantia constitucional da plenitude da defesa, cuja integridade há de ser preservada por juízes e Tribunais, sob pena de arbitrária denegação, pelo Poder Judiciário, dessa importantíssima franquia constitucional" (HC. 94.016/SP, Rel. Min. Celso de Mello, Segunda Turma, julgado em 16/09/2008, DJe 27/02/2009). 4. A demonstração de prejuízo, a teor do art. 563, do Código de Processo Penal, é essencial à alegação de nulidade, seja ela relativa ou absoluta, uma vez que, conforme já decidiu a Corte Suprema, o âmbito normativo do dogma fundamental da disciplina das nulidades – *pas de nullité sans grief* – compreende as nulidades absolutas, o que não foi demonstrado no presente caso (HC 81.510, 1ª Turma Rel. Min. Sepúlveda Pertence, DJ de 12/04/2002). Com efeito, na espécie, observa-se que a impetração oferece apenas alegações genéricas de prejuízo – a mera referência à condenação do Paciente –, que, como visto, não podem dar ensejo ao reconhecimento de nulidade, para invalidação da sentença penal condenatória. É imprescindível a demonstração concreta do prejuízo, por exemplo, com a apresentação de teses de acusação que poderiam ser refutadas por meio do ato indeferido ou com a indicação de quais fatos obscuros poderiam ser esclarecidos na oportunidade. 5. Com a condenação do Paciente, verifica-se a ausência do alegado excesso de prazo para a constrição cautelar, ante a incidência da Súmula nº 52/STJ: "Encerrada a instrução criminal, fica superada a alegação de constrangimento por excesso de prazo". 6. Ausência de ilegalidade flagrante que, eventualmente, ensejasse a concessão da ordem de ofício. 7. *Habeas corpus* não conhecido (HC 238479 / PE, 5ª T., j. em 13/11/12) (grifou-se).[185]

Mais recentemente:

RECURSO ESPECIAL. DIREITO PROCESSUAL PENAL. ARTS. 396-A e 563 DO CPP. RESPOSTA DO ACUSADO. AUSÊNCIA. PLENITUDE DE DEFESA. VERIFICAÇÃO *IN CASU*. PAS DE NULLITÉ SANS GRIEF. SÚMULA 523/STF. PRINCÍPIO DO PREJUÍZO. INEXISTÊNCIA DE NULIDADE. MATÉRIA CONSTITUCIONAL. STF.

---

[185] No mesmo sentido, v. o HC 155226/SP T6 – Sexta Turma, j. em 26/06/12.

DOUTRINA E JURISPRUDÊNCIA. 1. Etimologicamente, processo significa marcha avante, do latim *procedere*. Logo, a interrupção do seu seguimento, por meio da imposição de nulidades infundadas, fere peremptoriamente o instituto jurídico. Em razão disso, segundo a legislação processual penal em vigor, é imprescindível – quando se trata de nulidade de ato processual – a demonstração do prejuízo sofrido, em consonância com o princípio pas de nullité sans grief, o que não ocorreu na espécie (art. 563 do CPP). (STJ, REsp. 1.589.613/SP. Min. Sebastião Reis Junior, j. em 14/6/2016).

Nesse contexto, ainda no que toca ao ponto em exame, forçoso observar que não há consenso doutrinário no que tange ao regime das nulidades. Para determinada corrente, os atos nulos bifurcam-se em nulos ou anuláveis, o que corresponderia à diferenciação entre nulos absolutos ou nulos relativos. Veja-se, por exemplo: "Retomando-se a questão da diferenciação (clássica) substancial entre as nulidades, mister complementar que se terá hipótese de *nulidade absoluta* quando os vícios decorrentes do ato realizado em desconformidade com o que determinado de forma abstrata atingir diretamente a própria função jurisdicional". As nulidades absolutas teriam o prejuízo presumido pela legislação; as relativas "demandariam demonstração concreta do prejuízo". Todavia, os autores defendem a necessidade de ponderação, mesmo no caso de nulidade absoluta, "fundamental fazer a análise de ponderação se, do modo como praticado o ato (contra a lei), haveria, efetivamente, prejuízo para o *processo* (para as partes). E, em caso positivo, quais atos subsequentes deveriam ser declarados nulos (art. 573, §§ 1º e 2º, CPP)". – a premissa é de que o processo é regulado pela instrumentalidade das formas, e a ênfase não está na natureza do vício, mas nos *"efeitos* que são gerados sobre o *processo*, e, nesse aspecto, se há violação da paridade de armas, causando-se prejuízo para alguma das partes".[186]

4.4. Considerações finais

Como se buscou demonstrar, a aplicação da Súmula nº 11 do STF, preservando-se intacto o seu conteúdo e a sua *ratio*, representa particular e em si legítima (do ponto de vista jurídico-constitucional brasileiro) opção jurisprudencial a assegurar, na concreta hipótese da imposição do uso de algemas, o princípio da dignidade da pessoa humana e direitos fundamentais de personalidade que lhe são correlatos, devendo, portanto, não apenas por força da autoridade do órgão

---

[186] OLIVEIRA, Eugênio Pacelli; FISCHER, Douglas. *Comentários ao Código de Processo Penal e sua jurisprudência*. 4ª ed. rev. e atual. São Paulo: Atlas, 2012, p. 982-3. Para um contraponto, v. em especial, GLOECKNER, Ricardo Jacobsen. *Nulidades no Processo Penal. Introdução Principiológica à Teoria do Ato Processual irregular*. Salvador: JusPodivm, 2013, especialmente p. 429 e ss.

que a editou, mas já também pelo seu conteúdo, vincular os órgãos e agentes públicos jurisdicionais e administrativos ordinários.

Todavia, tal aplicação, como aqui se propôs, há de se dar de *modo adequado e compatível não apenas com as peculiaridades das situações concretas, implicando necessária diferenciação* (à vista, por exemplo, das três hipóteses exemplificativamente colacionadas: uso midiático, Tribunal do Júri, audiências de instrução e julgamento) quanto ao tratamento jurídico decorrente da exegese do enunciado vinculante. Além disso, no que diz respeito à sanção da nulidade do ato processual praticado mediante ofensa ao teor da súmula nos casos de processos criminais e julgamentos que não são da competência do Tribunal do Júri, indispensável seja levado em conta, ainda mais à míngua de particular e precisa orientação pelo STF quando da edição da Súmula ora comentada, a própria jurisprudência do Pretório Excelso a respeito das nulidades, de tal sorte que a decretação de ofício da nulidade do processo a partir da audiência na qual ocorreu a violação da Súmula, com base em presunção absoluta de prejuízo, não se afigura como juridicamente mais consistente, já que firme a orientação dos Tribunais Superiores (STF e STJ) no sentido de que o prejuízo deverá ser concretamente demonstrado. Para as hipóteses de uso demonstradamente midiático das algemas e dos julgamentos pelo Tribunal do Júri, pelas razões já expostas, a ausência de fundamentação adequada da necessidade do uso de algemas implicará nulidade passível de decretação de ofício e a colocação em liberdade do preso.

Tal solução diferenciada, além de guardar sintonia com a orientação jurisprudencial consolidada nos Tribunais Superiores, preserva íntegras, portanto também afinada com as exigências da proporcionalidade, as demais cominações decorrentes da Súmula nº 11, designadamente, a responsabilização do agente responsável pela infração, bem como não acarreta, como alguns poderão esgrimir, situação de grave risco para a sociedade, em termos de segurança, visto que, caso presentes as hipóteses autorizativas, poderá ser renovado o decreto prisional.

Assim, embora não esgotadas as hipóteses de controvérsias legítimas geradas pela Súmula e por sua aplicação, o objetivo do presente capítulo, crítico-reflexivo, é contribuir para avançar nas discussões teóricas e práticas sobre o tema.

5. Interrogatório e leis especiais, do início ao final da instrução

5.1. Preliminares

Diferentemente do que prevê o artigo 400 do Código de Processo Penal brasileiro (doravante apenas CPP), de acordo com o qual o interrogatório do denunciado deverá ser realizado ao final da fase instrutória, após a inquirição das testemunhas, são diversos os diplomas legislativos (com destaque para o artigo 57 da Lei de Drogas, para a legislação penal eleitoral e para o processo penal militar) que preveem seja tal ato realizado – como, de resto, correspondia à regra antes da alteração do CPP – na fase inicial do processo, ou seja, antes da coleta da prova testemunhal.

Muito embora a ressalva estabelecida no próprio artigo 400 do CPP, no sentido de que exigência do interrogatório ao final da instrução não é aplicável a procedimentos que obedecem a rito previsto em lei especial, sobreveio relativamente acirrada discussão sobre a legitimidade constitucional de tal previsão, já que a realização do ato depois da inquirição das testemunhas teria o condão justamente de assegurar ao denunciado a possibilidade de se manifestar – em homenagem ao direito de ampla defesa – por último. Contudo, importa ter em conta que em causa não está somente a garantia (direito fundamental) da ampla defesa, mas também aspectos de segurança jurídica e mesmo questões relevantes em matéria de interpretação constitucional e compreensão dos critérios de solução de antinomias jurídicas.

Por outro lado, verifica-se que a jurisprudência segue dividida e não fornecia referenciais seguros até o HC STF 127900, julgado em 03/3/2016, no qual fixada orientação, havendo tanto Magistrados que acabaram superando o critério da especialidade e passaram a realizar o interrogatório ao final, quanto os que seguem, especialmente em se tratando da legislação de drogas, colhendo a versão do réu na fase inaugural da instrução.

As razões esgrimidas em prol da manutenção do interrogatório no início do processo são diversas e merecem toda a consideração, razão, aliás, da própria existência deste texto. Ademais, não se cuida apenas de estabelecer o momento constitucionalmente correto para a coleta do interrogatório, mas sim, de identificar as consequências jurídicas advindas de sua desconsideração. Assim, por exemplo, é possível invocar o argumento de que o interrogatório no início, de modo suficiente e eficaz, assegura o contraditório e a ampla defesa. Além disso, por razões de segurança jurídica, assume relevo a circunstância de que, embora aplicando não apenas a lei especial, mas também cumprindo a própria ressalva do artigo 400 do CPP, a declaração de nulidade do ato realizado no início da instrução estaria a consagrar uma espécie de inconstitucionalidade superveniente por força de alteração de lei ordinária geral, sem prejuízo da instabilidade daí resultante.[187]

Assim, esboçada a questão, o que se pretende é avaliar as razões favoráveis e contrárias, especialmente tal como esgrimidas na esfera jurisprudencial, ao interrogatório no final da instrução, mesmo no caso de previsão diversa em lei especial, quanto à sua consistência constitucional, designadamente à vista da dimensão organizatória e procedimental dos direitos fundamentais (vinculada ao que se convencionou designar de sua dimensão objetiva), com destaque para o direito-garantia da ampla defesa e a correta aplicação dos princípios diretivos da interpretação constitucional. Além disso, convém frisar, há que dialogar com as exigências nucleares da segurança jurídica, incluindo o respeito a precedentes dos Tribunais Superiores, especialmente no que diz respeito ao problema das consequências advindas da violação de eventual direito de matriz constitucional e da prática decisória do Supremo Tribunal Federal (STF).

5.2. Argumentos e a evolução da posição do STF

Como já sinalizado, a realização – em todos os procedimentos criminais (mesmo os previstos em legislação especial) – do interrogatório ao final da instrução tem sido amplamente discutida nos diversos seg-

---

[187] Cf., por exemplo, voto divergente na Apelação Crime nº 70053096376, TJRS, Terceira Câmara Criminal, Rel. Des. Diógenes Vicente Hassan Ribeiro, j. 28/3/2013.

mentos do Poder Judiciário nacional,[188] tendo, ademais, aportado nos Tribunais Superiores, designadamente, para o efeito de nossa análise, dada a relevância constitucional da matéria, o STF. Nas instâncias ordinárias, igualmente segue controversa a questão, como dá conta, em caráter meramente ilustrativo, o caso da jurisprudência do Tribunal de Justiça do Rio Grande do Sul, onde se verifica dissídio sobre a matéria.[189] Todavia, antes de apresentar e comentar a orientação do STF e encaminhar a nossa posição sobre o tema convém esboçar de forma mais precisa o problema e suas principais dimensões.

Conforme alteração trazida pela Lei nº 11.719/08, o artigo 400 do Código de Processo Penal passou a ter a seguinte redação:

> Art. 400. Na audiência de instrução e julgamento, a ser realizada no prazo máximo de 60 (sessenta) dias, proceder-se-á à tomada de declarações do ofendido, à inquirição das testemunhas arroladas pela acusação e pela defesa, nesta ordem, ressalvado o disposto no art. 222 deste Código, bem como aos esclarecimentos dos peritos, às acareações e ao reconhecimento de pessoas e coisas, interrogando-se, em seguida, o acusado.

O procedimento ordinário, ao qual se refere o texto do mencionado artigo 400, tem aplicação quando inexistente previsão em ordem de legislação especial ou outra disposição em sentido contrário, na hipótese de sanção máxima cominada igual ou superior a 4 (quatro) anos de privação de liberdade (art. 394, § 1º, inciso I). Portanto, haveria óbice a arrostar já na partida, pois o procedimento ordinário é uma das modalidades do procedimento comum (art. 394, § 1º, do CPP) e cederia diante de lei especial, nos termos da própria Lei nº 11.719/08, que incluiu o § 2º no art. 394. Mais ainda: quando a nova legislação (Lei nº 11.719/08) pretendeu aplicação geral, sem ressalva de lei especial, explicitamente o comandou (precisamente no § 4º do art. 394 em comento), caso das disposições dos arts. 395 a 398 do Código de Processo Penal.

De qualquer sorte, a despeito da ressalva estabelecida no que diz com disposição de caráter especial em sentido diverso, passou a ganhar (mais) espaço a tese de que a realização do interrogatório ao final do procedimento, nos termos da atual redação do artigo 400 do CPP, *garante ao acusado a plenitude do direito constitucional à ampla de-*

---

[188] Basta referir, aqui, o processo penal militar e o processo penal eleitoral

[189] Para ilustrar a controvérsia, no âmbito do TJRS, posiciona-se pelo interrogatório ao final, na Lei de Drogas, a Terceira Câmara Criminal (v.g., Apelação Crime nº 70058577255, TJRS, Terceira Câmara Criminal, Rel. Des. Diógenes Vicente Hassan Ribeiro, j. 12/6/2014), ao passo que a Primeira e a Segunda Câmaras, fazendo prevalecer a especialidade, chancelam o interrogatório ao início da audiência (por exemplo, Apelação Crime nº 70056951502, TJRS, Primeira Câmara Criminal, Rel. Des. Julio Cesar Finger, j. 09/4/2014; Apelação Crime nº 70050078617, TJRS, Segunda Câmara Criminal, Rel. Desª. Lizete Andreis Sebben, j. 26/6/2014).

Constituição e Direito Penal – TEMAS ATUAIS E POLÊMICOS

fesa e ao contraditório. A aplicação disso aos procedimentos regrados por legislação especial (como é o caso, pela sua relevância, da assim chamada Lei de Drogas [Lei nº 11.343/2006] ou mesmo na seara da legislação eleitoral), atenderia, segundo determinada linha argumentativa, ao princípio da máxima eficácia e efetividade da Constituição, uma das linhas mestras da interpretação constitucional,[190] ademais de se tratar de desdobramento da dimensão objetiva dos direitos fundamentais, que implicam deveres de proteção do Estado e exercem uma função organizatória e procedimental, que, dentre outras derivações, estabelece um dever de assegurar a via procedimental mais efetiva em termos de proteção dos direitos fundamentais, desde que disso não resulte compressão desproporcional de outros direitos e garantias de matriz constitucional. Tal linha de argumentação carece, todavia, de maior aprofundamento, notadamente tendo em conta as peculiaridades do problema concreto que ora se discute.

Nesse contexto, é possível invocar o argumento de que a ressalva expressa à existência de "disposições em contrário" (§ 2º do indigitado art. 394 do Código de Processo Penal) – a indicar que, inexistindo, na Lei de Drogas, regra explícita determinando seja o interrogatório realizado ao final da instrução, ou mesmo havendo vedação de tal possibilidade (como é o caso, precisamente, do que se pode inferir da leitura do *caput* do artigo 57 da Lei nº 11.343/06) – dificulta a incidência do disposto no artigo 394, § 5º, que resguarda a possibilidade de aplicação subsidiária, aos procedimentos especial, sumário e sumaríssimo, das disposições do procedimento ordinário. Verifica-se, neste nódulo problemático, a necessidade de *compatibilizar* os dispositivos da legislação especial (anterior) e da comum (geral e posterior), o que, aliás, representa a generalidade das situações, já que, ao menos por ora, a legislação que não prevê o interrogatório como último ato da instrução é anterior à reforma do artigo 400 do CPP.

Dito de outra forma, no esforço de clareza: as inovações trazidas pela Lei nº 11.719/08 concernem aos ritos ordinário, sumário e sumaríssimo. A ação penal que versa sobre o crime de tráfico de drogas tem previsão em legislação especial, cabendo, no caso, observar o procedimento estabelecido nos artigos 54 a 59 da Lei nº 11.343/06. Nada obstante, a *conciliação* do rito previsto na Lei nº 11.343/06 com a disposição do artigo 400 do CPP se nos parece possível. Com efeito, além de *não existir, em rigor lógico, incompatibilidade entre as normas,*[191]

---

[190] Cf., dentre tantos, CANOTILHO, J. J. Gomes. *Direito Constitucional e Teoria da Constituição.* 7ª ed., Coimbra: Almedina, p. 1224.

[191] Daí por que não há que se cogitar de derrogação do art. 57 da Lei nº 11.343/2006, nos exatos lindes do § 1º do art. 2º do Decreto-lei nº 4.657/1942 (Lei de Introdução às normas do Direito

trata-se de atender, como já adiantado, ao dever de assegurar a alternativa mais favorável em termos de proteção dos direitos e garantias fundamentais do acusado.

Mas a questão, embora possa parecer, numa primeira mirada, de fácil elucidação, não é assim tão singela.

Uma primeira objeção – já aventada – vai no sentido de que não é necessariamente correta a afirmação de que o interrogatório ao final da instrução estabeleça inexoravelmente um regime mais benéfico para o réu, pois este poderá mesmo, estrategicamente, querer trazer sua versão o quanto antes ao feito, inclusive podendo, com isso, agilizar eventual liberdade provisória. Que tal argumento não pode subsistir, por si só, como apto a afastar a tese aqui sufragada, já se percebe pelo fato de que, ao final da instrução, o réu terá a oportunidade de direcionar a sua defesa (e autodefesa) de modo muito mais seguro, à vista das provas já colhidas, dos depoimentos de vítimas e testemunhas. Além disso, sempre resta a alternativa de deferir, mediante específico e tempestivo requerimento por parte da defesa, seja o réu interrogado no início da instrução, de modo a ter assegurada a sua liberdade de opção e de avaliação quanto à conveniência e oportunidade do ato, sem prejuízo de se permitir seja o interrogatório renovado ao final, caso aferida a necessidade.

Importa frisar que o próprio STF já sinalava (ao enfrentar a questão do interrogatório das ações penais originárias do STF) a prevalência do artigo 400 do CPP, com a redação dada pela Lei nº 11.719/08, em detrimento do previsto no artigo 7º da Lei nº 8.038/90, porque propicia maior eficácia à defesa, sendo tal *prática benéfica à defesa e numa interpretação teleológica e sistemática do direito* (STF, Ag. Reg. Ação Penal nº 528, Rel. Min. Ricardo Lewandowski, julgado em 24/03/11), muito embora – convém frisar – a Corte Suprema tenha ressalvado as ações penais nas quais o interrogatório já havia sido realizado.

Na mesma linha, em relação ao processo penal militar, julgados no sentido de que a "máxima efetividade das garantias constitucionais do contraditório e da ampla defesa (CRFB, art. 5º, LV), dimensões elementares do devido processo legal (CRFB, art. 5º LIV, CF) e cânones essenciais do Estado Democrático de Direito (CRFB, art. 1º, *caput*) impõem a incidência da regra geral do CPP" (HC 115698/AM, Rel. Min. Luiz Fux, Primeira Turma, j. em 25/06/13 e HC 115530/PR, Rel. Min. Luiz Fux, Primeira Turma, j. em 25/06/13). No mesmo sentido,

---

Brasileiro, com redação dada pela Lei nº 12.376/2010). Aliás, o art. 400 do CPP, em nossa opinião, amolda-se justamente ao § 2º do art. 2º da Lei de Introdução, não revogando nem modificando a lei anterior.

Constituição e Direito Penal – TEMAS ATUAIS E POLÊMICOS

vale invocar a decisão – também do STF – na Medida Cautelar no Habeas Corpus nº 107795 – MC/SP, Relator Min. Celso de Mello, julgada em 28.10.11, que destacava a utilização de *opção hermenêutica que se mostra mais compatível com o exercício pleno do direito de defesa.*

Todavia, o mesmo STF, posteriormente ao primeiro precedente citado (Ag. Reg. Ação Penal nº 528, Rel. Min. Ricardo Lewandowski, julgado em 24/03/11), consignou a impossibilidade de novo interrogatório ao final da instrução, justamente no que tange à Lei nº 11.343/06, acenando, no caso, com o princípio da especialidade. Convém ter em conta, contudo, que uma que leitura atenta do julgado parece demonstrar que o motivo determinante da decisão foi o fato de o interrogatório em tela ter ocorrido antes da inovação do Código de Processo Penal. Confira-se a ementa:

> *HABEAS CORPUS.* PROCESSUAL PENAL. PACIENTE PROCESSADA PELO DELITO DE ASSOCIAÇÃO PARA O TRÁFICO SOB A ÉGIDE DA LEI 11.343/2006. PEDIDO DE NOVO INTERROGATÓRIO AO FINAL DA INSTRUÇÃO PROCESSUAL. ART. 400 DO CPP. IMPOSSIBILIDADE. PRINCÍPIO DA ESPECIALIDADE. ATO PRATICADO CONFORME A LEI VIGENTE À ÉPOCA. AUSÊNCIA DE DEMONSTRAÇÃO DO PREJUÍZO. ORDEM DENEGADA. I – Se a paciente foi processada pela prática do delito de associação para o tráfico, sob a égide da Lei 11.343/2006, o procedimento a ser adotado é o especial, estabelecido nos arts. 54 a 59 do referido diploma legal. II – O art. 57 da Lei de Drogas dispõe que o interrogatório ocorrerá em momento anterior à oitiva das testemunhas, diferentemente do que prevê o art. 400 do Código de Processo Penal. III – O princípio processual do *tempus regit actum* impõe a aplicação a lei vigente à época em que o ato processual deve ser praticado, como ocorreu, não havendo razão jurídica para se renovar o interrogatório da ré, como último ato da instrução. IV – Este Tribunal assentou o entendimento de que a demonstração de prejuízo, "a teor do art. 563 do CPP, é essencial à alegação de nulidade, seja ela relativa ou absoluta, eis que, (...) o âmbito normativo do dogma fundamental da disciplina das nulidades pas de nullité sans grief compreende as nulidades *absolutas"* (HC 85.155/SP, Rel. Min. Ellen Gracie). V – Ordem denegada (HC 113625 / RJ, Segunda Turma, Min. Rel. Ricardo Lewandowski, j. em 11/12/12).

Entretanto, e sem conflito normativo intertemporal, em posterior e específica decisão, o STF concluiu que "realizado o interrogatório da recorrente sob o comando previsto no art. 57 da Lei de Drogas, não há razão jurídica para determinar a sua renovação como último ato da instrução". Saliente alguma tergiversação em relação à Lei de Drogas, a decisão mencionada faz prevalecer o critério da especialidade, a significar interrogatório prévio:

> RECURSO ORDINÁRIO EM *HABEAS CORPUS.* PROCESSUAL PENAL. PACIENTE PROCESSADA PELO DELITO DE TRÁFICO DE DROGAS SOB A ÉGIDE DA LEI 11.343/2006. PEDIDO DE NOVO INTERROGATÓRIO AO FINAL DA INSTRUÇÃO PROCESSUAL. ART. 400 DO CPP. IMPOSSIBILIDADE. PRINCÍPIO DA ESPECIALIDADE. AUSÊNCIA DE DEMONSTRAÇÃO DO PREJUÍZO. RECURSO ORDINÁRIO

IMPROVIDO. I – Se a paciente foi processada pela prática do delito de tráfico ilícito de drogas, sob a égide da Lei 11.343/2006, o procedimento a ser adotado é o especial, estabelecido nos arts. 54 a 59 do referido diploma legal. II – O art. 57 da Lei de Drogas dispõe que o interrogatório ocorrerá em momento anterior à oitiva das testemunhas, diferentemente do que prevê o art. 400 do Código de Processo Penal. III – Este Tribunal assentou o entendimento de que a demonstração de prejuízo, "a teor do art. 563 do CPP, é essencial à alegação de nulidade, seja ela relativa ou absoluta, eis que (...) o âmbito normativo do dogma fundamental da disciplina das nulidades *pas de nullité sans grief* compreende as nulidades absolutas" (HC 85.155/SP, Rel. Min. Ellen Gracie). IV – Recurso ordinário improvido (RHC 116713/MG, Segunda Turma, Rel. Min. Ricardo Lewandowski, julgado em 11/06/13).[192]

À vista do exposto, é possível afirmar que no âmbito do STF, até 2016, ainda não se verificava uma posição uníssona em relação à exigência de ser o interrogatório prévio ou posterior à inquirição das testemunhas, inclusive quanto ao tipo de procedimento em que isso deve ser observado, dada a existência de diversos ritos especiais. Naturalmente, a situação não se apresenta diversa nos demais Tribunais Superiores, onde também ainda impera o dissídio.[193]

Em que pese o foco ser a matriz constitucional, razão pela qual se prioriza o STF, a ausência de uma diretriz firme por parte da nossa Corte Constitucional acabava por favorecer a insegurança jurídica, especialmente no que diz respeito às consequências do ato, pois a depender da hipótese, poderá (ou não) resultar a nulidade do feito a contar da fase instrutória. Daí mais uma razão a justificar a necessidade de uma sólida fundamentação, designadamente de matriz constitucional, do que nos ocuparemos na sequência, sem, contudo, restringir o espectro argumentativo aos votos proferidos pelos Ministros do STF embora com os mesmos mantendo necessário diálogo.

5.3. Fundamentos: a máxima eficácia e a dimensão objetiva dos direitos fundamentais

Numa primeira aproximação, ponderável a tese de que o interrogatório ao final (pelo menos como regra a ser observada pelos Magistrados na condução do processo) decorreria – consoante já apontado – do princípio hermenêutico da máxima eficácia e efetividade da Cons-

---

[192] Em sentido idêntico, HC 121.953/MG, Segunda Turma, Rel. Min. Ricardo Lewandowski, julgado em 10/06/2014.

[193] No STJ, por exemplo, a tendência, em relação à Lei de Drogas, é no sentido preponderar o art. 57 da lei especial, e.g. HC nº 267.598/MG, Sexta Turma, Rel. Min. Rogério Schietti Cruz, j. 13/5/2014 (no caso havia conexão com a Lei nº 10.826/2003, que segue o rito comum ordinário, e mesmo assim prevaleceu a unidade de processo e julgamento segundo a Lei nº 11.343/2006: interrogatório como primeiro ato da audiência de instrução e julgamento).

tituição, que "implica o dever do intérprete e aplicador de atribuir o sentido que assegure maior eficácia às normas constitucionais. Assim, verifica-se que a interpretação pode servir de instrumento para assegurar a otimização da eficácia e da efetividade, e, portanto, também da força normativa da constituição".[194] De modo que, podendo optar por duas regras diversas, prefere-se aquela que mais concretiza – como se dá na hipótese (ao menos, é o que se sustenta enfaticamente) – o direito fundamental à ampla defesa, *a priori* o art. 400 do CPP, mas não inexoravelmente, podendo a estratégia de defesa, pessoal ou técnica, por miríades de razões, optar pelo interrogatório ao início, aspecto que, contudo, será desenvolvido mais adiante. Por outro lado, a simples afirmação genérica e desacompanhada de maior fundamentação à luz do caso ora discutido, de que se está dando cumprimento ao mandamento da interpretação mais favorável a direito fundamental, por si só pouco nos diz e reclama cuidadosa reflexão adicional.

Nessa perspectiva, há que conciliar o mandamento da máxima eficácia e efetividade em matéria da interpretação/aplicação de normas jusfundamentais com aquilo que se tem designado de dimensão objetiva dos direitos fundamentais, que a par de direitos subjetivos também representam decisões valorativas de natureza jurídico-objetiva da Constituição, que se projetam em todo o ordenamento jurídico. Dito de outro modo, os direitos fundamentais passaram a apresentar-se, no âmbito da ordem constitucional, como um conjunto de valores objetivos básicos e fins diretivos da ação positiva dos poderes públicos, e não apenas garantias negativas (e positivas) dos interesses individuais.[195] Desta categoria dogmática, a doutrina e a jurisprudência constitucionais derivam a assim chamada eficácia irradiante dos direitos fundamentais, no sentido de que estes, na sua condição de direito objetivo, fornecem impulsos e diretrizes para aplicação e interpretação do direito infraconstitucional, implicando uma interpretação conforme aos direitos fundamentais de todo ordenamento jurídico.[196] Da dimensão objetiva derivam, ainda, os deveres de proteção do Estado (gradativamente reconhecidos pelo STF, v.g., HC 104410), que, naturalmente, implicam deveres de atuação do Estado (prestação), inclusive no que se pode designar (terceira derivação da dimensão objetiva) por função organizatória e procedimental.

---

[194] SARLET, Ingo Wolfgang. O sistema constitucional brasileiro. In SARLET, Ingo Wolfgang; MARINONI, Luiz Guilherme; MITIDIERO, Daniel. *Curso de direito constitucional.* São Paulo: Saraiva, 2012, p. 215.

[195] HESSE, Konrad. *Grundzüge des Verfassungsrechts der Bundesrepublik Deutschland.* 20ª ed. Heidelberg: C.F.Müller, 1995, p. 133.

[196] Cf.,por todos, na doutrina brasileira, MENDES, Gilmar Ferreira; BRANCO, Paulo Gustavo G. *Curso de Direito Constitucional.* 8ª ed. São Paulo: Saraiva, p.166 e ss.

Já na perspectiva das posições subjetivas das quais é investido o titular dos direitos fundamentais, consolidou-se a noção de que tais desdobramentos da dimensão objetiva (deveres de proteção e dimensão organizatória e procedimental) representam espécies do gênero direitos a prestações (ou direitos positivos), visto que seu objeto é o de assegurar ao indivíduo a execução (implementação) de procedimentos ou organizações em geral, ou mesmo a possibilidade de participação em procedimentos ou estruturas organizacionais já existentes.[197] Assim, a dimensão objetiva implica, em certa medida, uma subjetivação, ou seja, a *possibilidade de invocar tais efeitos perante o Poder Judiciário, no caso, o direito do réu de exigir a aplicação de normas processuais que mais concretizem seu direito fundamental à ampla defesa*, e, na perspectiva do Estado, o correlato dever de emitir (cuidando-se de hipótese de ausência de lei) e aplicar (o que vale para o Estado-Juiz) as normas procedimentais mais adequadas ao efetivo exercício da ampla defesa.

Em suma, com o reforço da positividade constitucional, a partir do disposto no art. 5º, § 1º, da CF e da assim chamada dimensão objetiva e de seus desdobramentos, é possível sustentar a existência – ao lado de um dever de aplicação imediata – de um dever, por parte dos órgãos estatais (mas com ênfase nos órgãos jurisdicionais, aos quais incumbe inclusive a revisão dos atos dos demais entes estatais nos casos de violação da Constituição), de atribuição da máxima eficácia e efetividade possível às normas de direitos fundamentais.[198]

Tal dever, de maximização da eficácia das normas de direitos fundamentais, evidentemente não dispensa o exame criterioso de cada caso e a avaliação do impacto da opção, no caso judicial, de, por força de uma interpretação conforme aos direitos fundamentais (ainda que não tomada no sentido estrito da técnica de interpretação conforme a constituição), superar a regra legal (frise-se, infraconstitucional!) de caráter especial para aplicação de alternativa mais favorável à ampla defesa e especialmente à defesa pessoal do réu, quando tal opção não implica restrição de outro direito fundamental (o que é precisamente que se verifica na hipótese) ou quando eventual restrição de outro bem de hierarquia constitucional, no âmbito de uma avaliação relacional, atende às exigências da proporcionalidade.

Assim, pode o interrogatório ser realizado ao final da instrução probatória em detrimento do disposto na legislação específica, sem que tal heterotopia comprometa o *telos* da audiência e sem que disso

---

[197] Cf. por todos ALEXY, Robert. *Theorie der Grundrechte*. 2ª ed. Frankfurt am Main: Suhrkamp, 1994, p. 395 e ss.

[198] Cf. SARLET, Ingo Wolfgang. *A Eficácia dos Direitos Fundamentais*, op. cit., p. 261 e ss.

resulte compressão indevida de outros direitos e bens constitucionais. Todavia, muito embora essa – à vista de uma exegese afinada com as exigências dos direitos fundamentais e dos respectivos deveres de proteção estatais – seja, s.m.j., a melhor resposta para a situação examinada, nada impede, muito antes pelo contrário, que, a pedido da defesa, no concreto exercício do direito fundamental esculpido no inciso LV do art. 5º da CF, o interrogatório aconteça no início da fase instrutória, antes da coleta da prova oral, pena de configurado cerceamento.

Neste sentido, parece que se fixou a orientação do STF:

Habeas corpus. Penal e processual penal militar. Posse de substância entorpecente em local sujeito à administração militar (CPM, art. 290). Crime praticado por militares em situação de atividade em lugar sujeito à administração militar. Competência da Justiça Castrense configurada (CF, art. 124 c/c CPM, art. 9º, I, b). Pacientes que não integram mais as fileiras das Forças Armadas. Irrelevância para fins de fixação da competência. Interrogatório. Realização ao final da instrução (art. 400, CPP). Obrigatoriedade. Aplicação às ações penais em trâmite na Justiça Militar dessa alteração introduzida pela Lei nº 11.719/08, em detrimento do art. 302 do Decreto-Lei nº 1.002/69. Precedentes. Adequação do sistema acusatório democrático aos preceitos constitucionais da Carta de República de 1988. Máxima efetividade dos princípios do contraditório e da ampla defesa (art. 5º, inciso LV). Incidência da norma inscrita no art. 400 do Código de Processo Penal *comum* aos processos penais militares cuja instrução não se tenha encerrado, o que não é o caso. Ordem denegada. Fixada orientação quanto a incidência da norma inscrita no art. 400 do Código de Processo Penal comum a partir da publicação da ata do presente julgamento, aos processos penais militares, aos processos penais eleitorais e a todos os procedimentos penais regidos por legislação especial, incidindo somente naquelas ações penais cuja instrução não se tenha encerrado. 1. Os pacientes, quando soldados da ativa, foram surpreendidos na posse de substância entorpecente (CPM, art. 290) no interior do 1º Batalhão de Infantaria da Selva em Manaus/AM. Cuida-se, portanto, de crime praticado por militares em situação de atividade em lugar sujeito à administração militar, o que atrai a competência da Justiça Castrense para processá-los e julgá-los (CF, art. 124 c/c CPM, art. 9º, I, *b*). 2. O fato de os pacientes não mais integrarem as fileiras das Forças Armadas em nada repercute na esfera de competência da Justiça especializada, já que, no tempo do crime, eles eram soldados da ativa. 3. Nulidade do interrogatório dos pacientes como primeiro ato da instrução processual (CPPM, art. 302). 4. A Lei nº 11.719/08 adequou o sistema acusatório democrático, integrando-o de forma mais harmoniosa aos preceitos constitucionais da Carta de República de 1988, assegurando-se maior efetividade a seus princípios, notadamente, os do contraditório e da ampla defesa (art. 5º, inciso LV). 5. Por ser mais benéfica (*lex mitior*) e harmoniosa com a Constituição Federal, há de preponderar, no processo penal militar (Decreto-Lei nº 1.002/69), a regra do art. 400 do Código de Processo Penal. 6. De modo a não comprometer o princípio da segurança jurídica (CF, art. 5º, XXXVI) nos feitos já sentenciados, essa orientação deve ser aplicada somente aos processos penais militares cuja instrução não se tenha encerrado, o que não é o caso dos autos, já que há sentença condenatória proferida em desfavor dos pacientes desde 29/7/14. 7. Ordem denegada, com a fixação da seguinte orientação: a norma inscrita no art. 400 do Código de Processo Penal comum aplica-se, a partir da publicação da ata do presente julgamento, aos processos penais militares, aos processos penais eleitorais e a todos os procedimentos penais regidos por legislação especial incidindo somente naquelas ações penais cuja instrução não se tenha encerrado. Ementa (STF, HC 127900, Min. Dias Toffoli, j. em 03/3/2016).

Posteriormente, na Reclamação 20115, julgada em 30/06/2016, Min. Teori Zavascki, o STF deixou claro que a orientação se aplica à Lei de Drogas, bem como extraiu efeitos da modulação operada no HC que serviu de paradigma.[199]

De todo modo, há que considerar algumas questões adicionais, designadamente em virtude de suas implicações jurídicas (nalguns casos, mais vincadamente intertemporais, a progressiva incidência da orientação do STF há de simplificar os problemas).

Assim, é o caso de se indagar o que ocorre quando o Magistrado condutor do processo criminal não tiver designado o interrogatório ao final e tiver havido requerimento prévio (tempestivo) da defesa nesse sentido. Verificada tal hipótese, será o processo nulo, a contar da audiência? A resposta, em princípio, será sim, considerando-se, no caso, cerceamento da mais ampla defesa.

Além disso, cabe avaliar se, no caso ventilado, se está em face de nulidade sanável (relativa) ou insanável (absoluta)? Na esteira do regime das nulidades tal como estabelecido pelo STF, trata-se, todavia, de nulidade relativa, a depender de arguição oportuna (pena de preclusão) e demonstração do prejuízo. Entretanto, é de se aventar indicativo de prejuízo pela perda da oportunidade de exercer a autodefesa de acordo com a estratégia previamente estabelecida, o que deve ser aferido em conjunto com a correlata condenação e trecho da prova oral sobre a qual o réu não pode ofertar sua versão – presunção que não subsistiria, quer nos parecer, em face de confissão espontânea ou exercício do direito constitucional ao silêncio.

---

[199] 4. É bem verdade que, em casos análogos, esta Suprema Corte já teve a oportunidade de reconhecer ofensa à Súmula Vinculante 10 (*v.g.* RCL 18.650/RS, Rel. Min. Cármen Lúcia, Dje de 6/11/2015; RCL 17.996/RS, Rel. Min. Rosa Weber, Dje de 24/6/2015; e RCL 17.706/RS, Rel. Min. Gilmar Mendes, Dje de 2/6/2014). Entretanto, há fato superveniente a ser considerado na apreciação do pedido. Em 3-3-2016, o Plenário desta Corte, nos autos do HC 127.900, Rel. Min. Dias Toffoli, afastou o art. 302 do Código de Processo Penal Militar, porquanto aplicável aos processos criminais militares o rito atualmente previsto no art. 400 do CPP (interrogatório como último ato da instrução), a incidir, inclusive, sobre "todos os procedimentos penais regidos por legislação especial". (...) 5. Diante desse quadro, impende consignar que submeter à apreciação do Tribunal de Justiça a validade, ou não, do art. 57 da Lei de Drogas, diante da modificação legislativa superveniente, não produziria qualquer utilidade para o caso, pois a instrução processual da ação penal subjacente a esta reclamação, encerrada antes da publicação do referido HC 127.900, prescindiria da observância da ordem de inquirição estabelecida no art. 400 do CP. (...) Brasília, 30 de junho de 2016. Ministro Teori Zavascki, Relator. Documento assinado digitalmente.

Outra interrogação diz com a reiteração do interrogatório, caso realizado no início. Tal providência (reiteração, ao final, do interrogatório realizado no início) supre a irregularidade, havendo, ou não, pedido da defesa nesse sentido? Tem-se que sim, salvo demonstração em contrário, pois, ao fim e ao cabo, oportunizou-se manifestação da defesa pessoal acerca da prova oral colhida.

5.4. Conclusão

Enfim, sem desconsiderar as regras (art. 57 da Lei nº 11.343/2006, por exemplo), a posição externada no presente capítulo, agora agasalhada pelo STF, ainda ampara-se na preferência pela lei (art. 400 do Código de Processo Penal) e harmoniza a segurança jurídica, valor forte da normativa processual, com o exercício concreto da ampla defesa, outro pilar constitucional do Estado Democrático de Direito e que possibilita a pacificação social com justiça, aqui compreendida como aquela que emerge do contraditório, na trilha do devido processo legal substancial e afinado com as exigências da ampla defesa.

6. Inviolabilidade de domicílio em caso de flagrante delito

6.1. Preliminarmente

A conhecida imagem de que a casa de alguém é o seu castelo (*my home is my castle*, como de há muito dizem ingleses e americanos) dá conta da importância da inviolabilidade do domicílio para a dignidade e o livre desenvolvimento da pessoa humana. Com efeito, a íntima conexão da garantia da inviolabilidade do domicílio com a esfera da vida privada e familiar lhe assegura um lugar de honra na esfera dos assim chamados direitos da integridade pessoal. Já por tal razão não é de surpreender que a proteção do domicílio foi, ainda que nem sempre da mesma forma e na amplitude atual, um dos primeiros direitos assegurados no plano das declarações de direitos e dos primeiros catálogos constitucionais. A proteção contra ordens gerais de buscas domiciliares já constava da Declaração dos Direitos do Homem da Virgínia, de 1776 (art. X), e na Constituição americana (4.ª Emenda à Constituição de 1791). Por outro lado, embora a Declaração dos Direitos do Homem e do Cidadão, de 1789, não contivesse garantia do domicílio ou equivalente, a primeira Constituição da França, de 1791, já contemplava uma prescrição de acordo com a qual as forças militares e policiais apenas poderiam adentrar na casa de algum cidadão mediante ordem expedida pela autoridade civil competente (Título Primeiro). A certidão de nascimento de uma expressa garantia da inviolabilidade do domicílio, tal como difundida pelas constituições da atualidade, teria sido passada pela Constituição belga de 1831, que, no seu art. 10, solenemente declarava que "le domicile est inviolable",[200] muito embora, ainda que sem referência ao termo *domicílio*, tal proteção já tenha sido prevista na Carta Imperial brasileira de 1824, em que se falava na casa como asilo inviolável do indivíduo. De lá para cá, o

---

[200] HUFEN, Friedhelm. *Staatsrecht II – Grundrechte*. München: C.H. Beck, 2007, p. 240.

direito à inviolabilidade do domicílio passou a ser presença constante nos catálogos constitucionais de direitos fundamentais e mesmo do direito internacional dos direitos humanos, que aqui não serão objeto de detalhado inventário.

O que cabe enfatizar, a título introdutório, é que também na tradição constitucional brasileira, como se verá logo adiante, o direito fundamental à inviolabilidade do domicílio ocupa lugar de destaque entre os direitos fundamentais que dizem respeito à proteção da vida pessoal e familiar de um modo geral, guardando, de resto, íntima conexão com outros direitos fundamentais, como é o caso da proibição do aproveitamento de provas ilícitas. Este, aliás, o mote do presente texto, em que se busca, a partir do caso particular do flagrante delito, objeto, por sua vez, de densificação legislativa e jurisprudencial, examinar, à luz de caso concreto apreciado em Juízo, mas com incidência relativamente frequente, a extensão do âmbito de proteção do direito fundamental (inviolabilidade do domicílio) e os limites de atuação da autoridade policial, pena de contaminar de nulidade a prova obtida mediante a intervenção no âmbito de proteção do direito fundamental. Para tanto, inicia-se com uma breve análise da inviolabilidade do domicílio na sua condição de direito fundamental, para, na sequência, enfrentar o caso do flagrante delito e sua interpretação jurisprudencial.

6.2. O direito fundamental à inviolabilidade de domicílio

No que diz com a evolução constitucional brasileira, já na Carta Imperial de 1824 (como referido) havia previsão, na esfera dos direitos civis e políticos dos brasileiros (art. 179, VII), que "todo o Cidadão tem em sua casa um asylo inviolavel. De noite não se poderá entrar nella, senão por seu consentimento, ou para o defender de incendio, ou inundação; e de dia só será franqueada a sua entrada nos casos, e pela maneira, que a Lei determinar". Na primeira Constituição republicana, de 1891, repetiram-se, em linhas gerais, os termos da Carta de 1824, pois, de acordo com o art. 72, § 11, da Constituição de 1891, "a casa é o asilo inviolável do indivíduo; ninguém pode aí penetrar, de noite, sem consentimento do morador, senão para acudir as vítimas de crimes, ou desastres, nem de dia senão nos casos e pela forma prescritos na lei". O mesmo sucedeu com a Constituição de 1934, art. 113, n. 16, de acordo com o qual "a casa é o asilo inviolável do indivíduo. Nela ninguém poderá penetrar, de noite, sem consentimento do morador, senão para acudir a vítimas de crimes ou desastres, nem de dia, senão nos casos e pela forma prescritos na lei".

Tal situação, contudo, mudou significativamente com o advento da Constituição do Estado Novo, de 1937, cujo art. 122, n. 6, embora tenha assegurado a inviolabilidade do domicílio (juntamente com o sigilo da correspondência), o fez de modo genérico, sem proibir o ingresso durante o período noturno e deixando para o legislador regulamentar as hipóteses que autorizavam a intervenção no direito mesmo sem o consentimento do seu titular. Com efeito, de acordo com o referido dispositivo, assegura-se "a inviolabilidade do domicílio e de correspondência, salvas as exceções expressas em lei". Com a redemocratização, a proteção do domicílio novamente foi objeto de reforço, de tal sorte que a Constituição de 1946, a exemplo da tradição anterior a 1937, no seu art. 141, § 15, dispôs que "a casa é o asilo inviolável do indivíduo. Ninguém poderá nela penetrar à noite, sem consentimento do morador, a não ser para acudir a vítimas de crime ou desastre, nem durante o dia, fora dos casos e pela forma que a lei estabelecer". Mesmo elaboradas na época do regime militar, a Constituição de 1967 (art. 150, § 10) e a Emenda n. 1 de 1969 (art. 153, § 10) mantiveram em geral os termos da proteção assegurada pela Carta de 1946, pois ambos os dispositivos referidos (1967 e 1969) dispunham que "a casa é o asilo inviolável do indivíduo; ninguém pode penetrar nela, à noite, sem consentimento do morador, a não ser em caso de crime ou desastre, nem durante o dia, fora dos casos e na forma que a lei estabelecer". Que a previsão constitucional, como costuma ocorrer em períodos de exceção, nem sempre foi levada a sério pelas autoridades policiais, judiciárias e administrativas é outro aspecto, que aqui não há como desenvolver.

No que toca ao conteúdo e limites do direito à inviolabilidade do domicílio na Constituição Federal, vale destacar que a evolução da proteção do domicílio na esfera do direito constitucional e comparado acabou influenciando significativamente o constituinte de 1988. De acordo com o art. 5º, XI, da CF, "a casa é asilo inviolável do indivíduo, ninguém nela podendo penetrar sem consentimento do morador, salvo em caso de flagrante delito ou desastre, ou para prestar socorro, ou, durante o dia, por determinação judicial". Muito embora a Constituição Federal não tenha utilizado o termo *domicílio*, substituindo-o por *casa*, os termos hão de ser tomados como equivalentes, pois a proteção do domicílio, em que pese alguma variação encontrada no direito comparado no que diz com sua amplitude e eventuais pressupostos para sua restrição, é tomada em sentido amplo e não guarda relação necessária com a propriedade, mas, sim, com a posse para efeitos de

Constituição e Direito Penal – TEMAS ATUAIS E POLÊMICOS

residência e, a depender das circunstâncias, até mesmo não de forma exclusiva para fins residenciais.

Dentre os diversos problemas interpretativos que se colocam à vista da fórmula adotada pela Constituição Federal, situam-se basicamente os seguintes: (a) qual o conceito de domicílio para efeito da proteção constitucional; (b) quais os titulares e destinatários do direito; (c) quais os seus limites e restrições, incluída aqui (pois não se trata apenas disso) a compreensão adequada das exceções previstas pela própria Constituição Federal, quais sejam o consentimento do morador, em caso de desastre ou flagrante delito, para prestação de socorro ou – durante o dia (?) – por ordem judicial.[201]

Quanto ao primeiro ponto (a), ou seja, qual o conceito de domicílio para efeitos da delimitação da proteção com base no art. 5º, XI, da CF, há que retomar a vinculação da inviolabilidade do domicílio com a proteção da vida privada e garantia do livre desenvolvimento da personalidade. A inviolabilidade do domicílio constitui direito fundamental atribuído às pessoas em consideração à sua dignidade e com o intuito de lhes assegurar um espaço elementar para o livre desenvolvimento de sua personalidade, além de garantir o seu direito de serem deixadas em paz, de tal sorte que a proteção não diz respeito ao direito de posse ou propriedade, mas com a esfera espacial na qual se desenrola e desenvolve a vida privada.[202] Por tal razão, o direito do domicílio, isto é, a garantia de sua inviolabilidade, não implica um direito ao domicílio.[203]

Tal noção corresponde, em termos gerais, ao entendimento dominante na esfera tanto do direito internacional dos direitos humanos, quanto ao que se pratica no direito constitucional comparado, pelo menos, cuidando-se de autênticos Estados Democráticos de Direito. Assim, apenas em caráter ilustrativo, doutrina e jurisprudência constitucional espanhola afirmam a existência de um nexo indissolúvel entre a inviolabilidade do domicílio e o direito à intimidade, que implica, em princípio, um conceito constitucional mais ampliado de domicílio que o convencional conceito jurídico-privado ou mesmo

---

[201] Tomamos como referência, considerando a similitude dos problemas relativos à interpretação do alcance da inviolabilidade do domicílio no direito comparado, os desafios apontados por ROYO, Javier Pérez. *Curso de derecho constitucional*. 12ª ed. Madrid/Barcelona/Buenos Aires: Marcial Pons, 2010, p. 313.

[202] KLOEPFER, Michael. *Verfassungsrecht II*. Band I, München: C. H. Beck, 2011, p. 377, com base em precedentes do Tribunal Constitucional Federal da Alemanha, designadamente *BVerfGE* 51, 97 (110) e 89, 1 (12).

[203] Cf. a correta ponderação de MICHAEL, Lothar; MORLOK, Martin. *Grundrechte*, Baden-Baden: Nomos, 2008, p. 195.

jurídico-administrativo,[204] o que também se constata no caso dos direitos português e alemão, sempre a privilegiar um conceito amplo de domicílio e destacando sua conexão com a garantia da dignidade humana e de um espaço indevassável para a fruição da vida privada.[205]

No Brasil, ainda mais em face dos abusos praticados especialmente (mas lamentavelmente não só) nos períodos autoritários que antecederam a Constituição Federal, não haveria de ser diferente, e a palavra *casa*, utilizada como substitutiva de *domicílio*, tem sido compreendida, tanto pela doutrina quanto pela jurisprudência do STF, em sentido amplo, como compreendendo o espaço físico onde o indivíduo deve poder fruir de sua privacidade nas suas diversas manifestações.[206] Assim, a casa (domicílio) que constitui o objeto de proteção da garantia da inviolabilidade consagrada pelo art. 5º, XI, da CF é todo aquele espaço (local) delimitado e separado que alguém ocupa com exclusividade, seja para fins de residência, seja para fins profissionais, de modo que mesmo um quarto de hotel, o escritório, qualquer dependência de casa mais ampla, desde que utilizada para fins pessoais (aposento de habitação coletiva), são considerados abrangidos pela proteção constitucional.[207] O caráter temporário e mesmo provi-

---

[204] Cf., na doutrina – sempre com referência a decisões do Tribunal Constitucional –, entre outros, ROYO, Javier Pérez. *Curso de derecho constitucional*, p. 313; DÍEZ-PICAZO, Luís María. *Sistema de derechos fundamentales*, 2ª ed. Madrid: Civitas, 2005, p. 304-305 e p. 308 e ss.; bem como CALLEJÓN, Maria Luisa Balaguer. Derechos individuales (II). In: CALLEJÓN, Francisco Balaguer (coord.). *Manual de derecho constitucional*, vol. 2, p. 179 e ss.

[205] Para o caso de Portugal, v., por todos, MIRANDA, Jorge; MEDEIROS, Rui. *Constituição portuguesa anotada*. Tomo I. Coimbra: Coimbra Ed., 2006, p. 37; e CANOTILHO, J. J. Gomes; MOREIRA, Vital. *Constituição da República Portuguesa anotada*, 4ª ed. Coimbra: Coimbra Ed., 1991, p. 539-540. Da farta doutrina alemã, destaquem-se, dentre tantos, HUFEN, Friedhelm. *Staatsrecht II – Grundrechte*, p. 241 e ss.; MICHAEL, Lothar; MORLOK, Martin. *Grundrechte*, p. 195-96; KLOEPFER, Michael. *Verfassungsrecht II*, p. 377-78; PIEROTH, Bodo; SCHLINK, Bernhard. *Staatsrecht II – Grundrechte*, 20ª ed. Heidelberg: C.F. Muller, 2004, p. 231-232.

[206] Nesse sentido, por exemplo, a proposição de FERNANDES, Bernardo Gonçalves. *Curso de direito constitucional*. 2ª ed. Rio de Janeiro: Lumen Juris, 2010, p. 316-317.

[207] Cf., no âmbito da produção monográfica especializada, v., por todos, GROTTI, Dinorá Adelaide Musetti. *Inviolabilidade do domicílio na Constituição*. São Paulo: Malheiros, 1993, p. 76 e ss. No que diz com a manualística, v., dentre tantos: TAVARES, André Ramos. *Curso de direito constitucional*. São Paulo: Saraiva, 2010, p. 677 e ss.; CUNHA JÚNIOR, Dirlei da. *Curso de direito constitucional*. 4ª ed. Salvador: Juspodivm, 2008, p. 687; MENDES, Gilmar Ferreira; BRANCO, Paulo Gustavo G. *Curso de direito constitucional*. 3ª ed. São Paulo, 2008, p. 326-327; SILVA, José Afonso da. *Comentário contextual à Constituição*, 2ª ed. São Paulo: Malheiros, 2006, p. 102-103; CARVALHO, Kildare Gonçalves. *Direito constitucional: teoria do estado e da constituição – Direito constitucional positivo*, 10ª ed. Belo Horizonte: Del Rey, 2004, p. 778-779; ARAÚJO, Luiz Alberto David; NUNES JUNIOR, Vidal Serrano. *Curso de direito constitucional*. São Paulo: Verbartim, 2010, p. 187-88; NOVELINO, Marcelo. *Direito constitucional*. São Paulo: Método, [s.d.], p. 290; PIVA, Otávio. *Comentários ao art. 5º da Constituição Federal de 1988 e teoria dos direitos fundamentais*. 3ª ed. São Paulo: Método, 2009, p. 82-83; LENZA, Pedro. *Direito constitucional esquematizado*. 12ª ed. São Paulo: Saraiva, 2010, p. 602-603; FERRARI, Regina Maria Macedo Nery. *Direito constitucional*. São Paulo: RT, 2011, p. 611-612.

sório da ocupação, desde que preservada a exclusividade no sentido de sua privacidade, não afasta a proteção constitucional, pois esta, como já frisado, busca em primeira linha assegurar o direito à vida privada.[208] O STF também tem adotado um conceito amplo de casa (domicílio), nele incluindo qualquer compartimento habitado, mesmo que integrando habitação coletiva (pensão, hotel etc.), e qualquer compartimento privado onde alguém exerce profissão ou qualquer outra atividade pessoal,[209] com direito próprio e de maneira exclusiva, ainda que não o seja em caráter definitivo ou habitual.[210] Assim, é possível afirmar que também no direito constitucional brasileiro trata-se de um conceito funcional de domicílio (casa), que serve a uma dupla finalidade de proteção: (a) como espaço de fruição da esfera privada o domicílio abrange não apenas habitações fixas, mas também espaços móveis, que servem ao recolhimento à privacidade, como uma barraca num acampamento, um barco ou um *trailer*; (b) a noção de domicílio também protege um espaço livre de intervenção que diz respeito à ocupação (mediante exclusão de terceiros e da autoridade estatal) para o exercício de atividades profissionais ou outras atividades lícitas.[211] Por outro lado, o fato de escritórios profissionais serem abrangidos pela proteção da inviolabilidade do domicílio não faz com que tal garantia – a despeito da conexão existente – se confunda com a preservação do sigilo profissional, tutelada por outra norma de direito fundamental (art. 5°, XIV, da CF), o que, por sua vez, traz consequências relevantes no que diz com as peculiaridades das

---

[208] Cf., por todos, GROTTI, Dinorá Adelaide Musetti. *Inviolabilidade do domicílio na Constituição*, p. 75-76.

[209] Cf., por todos, o RE 251.445-4/GO, j. 21.06.2000, rel. Min. Celso de Mello, de cuja ementa se transcreve a parte que segue: "Para os fins da proteção constitucional a que se refere o art. 5°, XI, da Carta Política, o conceito normativo de 'casa' revela-se abrangente e, por estender-se a qualquer compartimento privado onde alguém exerce profissão ou atividade (CP, art. 150, § 4°, III), compreende os consultórios profissionais dos cirurgiões-dentistas. Nenhum agente público pode ingressar no recinto de consultório odontológico, reservado ao exercício da atividade profissional de cirurgião-dentista, sem consentimento deste, exceto nas situações taxativamente previstas na Constituição (art. 5°, XI). A imprescindibilidade da exibição de mandado judicial revelar-se-á providência inafastável, sempre que houver necessidade, durante o período diurno, de proceder-se, no interior do consultório odontológico, a qualquer tipo de perícia ou à apreensão de quaisquer objetos que possam interessar ao Poder Público, sob pena de absoluta ineficácia jurídica da diligência probatória que vier a ser executada em tal local". Em sentido similar, v. o RHC 90.376/RJ, rel. Min. Celso de Mello, j. 02.04.2007, onde se tratava de quarto de hotel ainda ocupado. De acordo com trecho extraído da decisão "... para os fins da proteção jurídica a que se refere o art. 5°, XI, da Constituição da República, o conceito normativo de 'casa' revela-se abrangente e, por estender-se a qualquer aposento de habitação coletiva, desde que ocupado (CP, art. 150, § 4°, II), compreende, observada essa específica limitação espacial, os quartos de hotel".

[210] Cf. MS 23.595, rel. Min. Celso de Mello, j. 17.12.1999.

[211] Cf. MICHAEL, Lothar; MORLOK, Martin. *Grundrechte*, p. 195-196.

autorizações judiciais para a realização de buscas e apreensões, entre outros aspectos, mas que aqui não serão desenvolvidos.[212]

Titulares (portanto, sujeitos do direito) da garantia da inviolabilidade (b) são, em princípio, tanto as pessoas físicas (nacionais e estrangeiros) quanto as pessoas jurídicas, visto que se cuida de direito compatível com a sua condição.[213] No caso das pessoas físicas, a titularidade estende-se a todos os membros da família que residem no local, assim como em geral toda e qualquer pessoa que habita ou exerce sua atividade no local, alcançando até mesmo presos e internados nos limites de seu local de internação, ressalvadas eventuais intervenções previstas em lei.[214] Importa destacar que a titularidade do direito à inviolabilidade do domicílio não depende da condição de proprietário, pois basta a posse provisória, como no caso do quarto de hotel, da barraca instalada num *camping* etc. Por outro lado, existem casos de titularidade compartida (múltipla), pois todos os residentes de determinada casa estão, em princípio, aptos a autorizar o ingresso de terceiros sendo maiores e capazes, de tal sorte que, em caso de conflito, a palavra final sobre a autorização do ingresso na casa cabe ao respectivo chefe da casa (tanto o homem quanto a mulher) ou representante legal da entidade, cabendo aos dependentes e subordinados a garantia da inviolabilidade das dependências que lhes são destinadas, ressalvado o direito do chefe da casa ou superior de negar o ingresso de terceiros na residência ou estabelecimento.[215] No que toca às pessoas jurídicas, impõe-se um registro adicional. Considerando que em primeira linha a proteção do domicílio busca assegurar o direito à privacidade, no

---

[212] Nesse sentido colaciona-se trecho extraído de decisão do STF: "O sigilo profissional constitucionalmente determinado não exclui a possibilidade de cumprimento de mandado de busca e apreensão em escritório de advocacia. O local de trabalho do advogado, desde que este seja investigado, pode ser alvo de busca e apreensão, observando-se os limites impostos pela autoridade judicial. Tratando-se de local onde existem documentos que dizem respeito a outros sujeitos não investigados, é indispensável a especificação do âmbito de abrangência da medida, que não poderá ser executada sobre a esfera de direitos de não investigados. Equívoco quanto à indicação do escritório profissional do paciente, como seu endereço residencial, deve ser prontamente comunicado ao magistrado para adequação da ordem em relação às cautelas necessárias, sob pena de tornar nulas as provas oriundas da medida e todas as outras exclusivamente dela decorrentes. Ordem concedida para declarar a nulidade das provas oriundas da busca e apreensão no escritório de advocacia do paciente, devendo o material colhido ser desentranhado dos autos do Inq 544 em curso no STJ e devolvido ao paciente, sem que tais provas, bem assim quaisquer das informações oriundas da execução da medida, possam ser usadas ao paciente ou a qualquer outro investigado, nesta ou em outra investigação" (HC 91.610, j. 08.06.2010, rel. Min. Gilmar Mendes).

[213] Cf., por todos, MENDES, Gilmar Ferreira; BRANCO, Paulo Gustavo G. *Curso de direito constitucional*, p. 328.

[214] Cf., por todos, CANOTILHO, J. J. Gomes; MOREIRA, Vital. *Constituição da República Portuguesa anotada*, p. 541.

[215] Cf., por todos, MENDES, Gilmar Ferreira; BRANCO, Paulo Gustavo G. *Curso de direito constitucional*, p. 328.

caso das pessoas jurídicas a inviolabilidade alcança apenas os espaços físicos indispensáveis ao desenvolvimento das atividades essenciais da pessoa jurídica sem estar sujeita a intromissões de terceiros, portanto apenas os espaços físicos onde se situam os centros de direção da sociedade e onde são guardados documentos e outros bens que são afastados do conhecimento de outras pessoas físicas e jurídicas.[216]

De qualquer sorte, parece adequado que uma noção necessariamente ampliada de casa (domicílio), destinada a assegurar níveis mais eficazes de proteção, inclua as pessoas jurídicas, dadas as circunstâncias, no rol dos titulares do direito. No que concerne aos destinatários, muito embora se cuide, em primeira linha, de norma que busca proteger o indivíduo da ação estatal, também os particulares são abrangidos pelo elenco dos vinculados pelo direito fundamental, sendo-lhes vedado o ingresso na casa sem o consentimento do titular, possuidor ou ocupante, sem prejuízo da criminalização de tal conduta, representada pelo delito de violação do domicílio, além da possibilidade de uso do desforço próprio e ações civis para afastar o intruso.

No que diz com as intervenções no âmbito de proteção da inviolabilidade do domicílio (c), este não é apenas violado quando se ingressa na moradia ou escritório de alguém sem o seu consentimento, mas também quando se cuida de invasão promovida mediante a utilização de recursos tecnológicos, como o caso da escuta ambiental ou mesmo filmagens com as quais se acessam as conversas e a vida privada dos moradores, excluindo-se, todavia, perturbações provocadas por poluição sonora ou de outra natureza ou quando se tiram fotografias da casa e se controla o ingresso dos moradores e visitantes, visto que tais situações são cobertas por outros direitos fundamentais.[217] Por outro lado, uma intervenção no âmbito de proteção é desde logo afastada na hipótese em que o ingresso no domicílio (moradia ou escritório) se deu com o livre consentimento do respectivo titular ou mesmo nas hipóteses de alienação do imóvel ou rescisão do contrato de locação ou arrendamento, se for o caso. De qualquer modo, presente o livre e pessoal consentimento do titular do direito, não há que falar em violação do domicílio, independentemente de o ingresso ocorrer no horário diurno ou noturno. O consentimento, além disso,

---

[216] Cf., por todos, CALLEJÓN, Maria Luisa Balaguer. Derechos individuales (II). In: CALLEJÓN, Francisco Balaguer (coord.). *Manual de derecho constitucional*, vol. 2, p. 179. Revelando maior reserva, v. CANOTILHO, J. J. Gomes; MOREIRA, Vital. *Constituição da República Portuguesa anotada*, p. 540, ao ponderarem ser duvidoso que a proteção da sede das pessoas jurídicas ainda possa ser enquadrada no âmbito de proteção da inviolabilidade do domicílio, precisamente por não estar em causa a esfera da intimidade pessoal e familiar.

[217] Cf. CANOTILHO, J. J. Gomes; MOREIRA, Vital. *Constituição da República Portuguesa anotada*, p. 540.

não necessita ser expresso (podendo, portanto, ser tácito) nem por escrito, mas há de ser prévio e inequívoco.[218] Já pelo fato de ser exigido o consentimento livre e prévio do titular do direito, eventual recusa em permitir o ingresso de autoridade estatal (policial ou administrativa), a não ser no caso das hipóteses excepcionais previstas no art. 5º, XI, da CF (flagrante delito, desastre, prestação de socorro ou ordem judicial), afasta a configuração do delito de resistência ou desobediência.[219]

Além das hipóteses em que se verifica o prévio e livre consentimento do titular, apenas é possível ingressar no domicílio (casa, escritório ou equivalente) nos casos expressamente previstos pela Constituição Federal, quais sejam flagrante delito, desastre, prestação de socorro ou, durante o dia, mediante ordem judicial.

Ao passo que as hipóteses de flagrante delito estão definidas na legislação (o ingresso no domicílio se legitima apenas quando e se configurada a figura do flagrante) – e serão tratadas especificamente a seguir, inclusive na sua relação com a ordem judicial de busca domiciliar –, as hipóteses de desastre e prestação de socorro são de definição mais difícil, não havendo parâmetro normativo fechado para sua devida compreensão e aplicação. É certo que por *desastre* se deve ter acontecimento (acidente humano ou natural) que efetivamente coloque em risco a vida e saúde de quem se encontra na casa, sendo o ingresso a única forma de evitar o dano. Algo semelhante se passa no caso da *prestação de socorro*, em que a entrada no domicílio apenas se justifica quando alguém no seu interior está correndo sério risco e não haja como obter a autorização prévia.[220] Em tais situações, importa frisar, o ingresso no domicílio poderá ocorrer também no período da noite.[221]

Além das hipóteses referidas, a Constituição Federal apenas permite uma intervenção do direito na inviolabilidade do domicílio mediante ordem judicial, restringindo tal possibilidade ao período diurno. Cuida-se, portanto, de uma reserva absoluta de jurisdição que impede seja atribuída a qualquer outra autoridade pública a possibi-

---

[218] Cf., por todos, ROYO, Javier Pérez. *Curso de derecho constitucional*, p. 314.

[219] Nesse sentido, v., da jurisprudência do STF, o RE 460.880/RS, j. 25.09.2007, rel. Min. Marco Aurélio, de cuja ementa se transcreve o trecho que segue: "Domicílio – Inviolabilidade noturna – Crime de resistência – Ausência de configuração. A garantia constitucional do inciso XI do art. 5º da Carta da República, a preservar a inviolabilidade do domicílio durante o período noturno, alcança também ordem judicial, não cabendo cogitar de crime de resistência". Na doutrina, v., no mesmo sentido, MORAES, Alexandre de. *Direitos humanos fundamentais – Teoria geral*, p. 147.

[220] Cf., por todos, MENDES, Gilmar Ferreira; BRANCO, Paulo Gustavo G. *Curso de direito constitucional*, p. 329.

[221] Cf. CANOTILHO, J. J. Gomes; MOREIRA, Vital. *Constituição da República Portuguesa anotada*, p. 543.

lidade de determinar o ingresso na esfera domiciliar, o que, por sua vez, corresponde ao entendimento dominante na seara da doutrina e na jurisprudência do STF,[222] de modo que outras hipóteses, ainda que previstas em lei, que permitam o ingresso no domicílio (mesmo quando se trata de agentes sanitários) ou não foram recepcionadas pela Constituição Federal – sendo anteriores – ou serão inconstitucionais.[223] Por outro lado, vale ressaltar que a Constituição Federal não limitou a determinação judicial de quebra da inviolabilidade de domicílio aos processos criminais, de tal sorte que também para outros fins o Poder Judiciário, desde que mediante decisão fundamentada, poderá determinar a entrada no domicílio.[224]

Tendo em conta que a própria Constituição Federal restringe inclusive a atuação do Poder Judiciário no que diz com a autorização da quebra da inviolabilidade do domicílio, assume relevo a discussão em torno de qual o período que pode ser considerado como diurno. Quanto a tal aspecto, contudo, doutrina e jurisprudência não oferecem resposta unânime, havendo quem diga que o ingresso por ordem judicial somente poderá ocorrer entre as 6 e 18 horas,[225] ao passo que para outros se trata do período entre o nascer e o pôr do sol.[226] Em caráter alternativo, argumenta-se que o período diurno não poderá ultrapassar doze horas (metade do total de horas que compõem um dia) ainda que exista luminosidade, evitando-se a insegurança (e as arbitrariedades que daí podem decorrer[227]) de um controle baseado no critério da luminosidade solar, portanto, do nascer e do pôr do sol.[228] Tendo em conta o critério da máxima proteção do direito e da segurança jurídica que, de resto, constitui direito fundamental autônomo, a adoção do critério das 6 às 18 horas (de resto, adequada às variações provocadas pelo assim chamado horário de verão ou fuso horário) ou

---

[222] Cf., por exemplo, o MS 23.642/DF, j. 29.11.2000, rel. Min. Néri da Silveira, no qual se afastou até mesmo a legitimidade de comissão parlamentar de inquérito para determinar a busca domiciliar.

[223] Cf., por todos, MENDES, Gilmar Ferreira; BRANCO, Paulo Gustavo Gonet. *Curso de direito constitucional*, p. 329.

[224] Nesse sentido, v. MARMELSTEIN, George. *Curso de direitos fundamentais*, p. 133.

[225] Esta a posição, entre outros, de CUNHA JÚNIOR, Dirley da. *Curso de direito constitucional*, p. 689, e SILVA, José Afonso da. *Comentário contextual à Constituição*, 2ª ed., p. 103; FERRARI, Regina Maria Macedo Nery. *Direito constitucional*, p. 613; bem como AGRA, Walber de Moura. *Curso de direito constitucional*. Rio de Janeiro: Forense, 2006, p. 135.

[226] Cf. GROTTI, Dinorá Adelaide Musetti. *Inviolabilidade do domicílio na Constituição*, p. 114; MENDES, Gilmar Ferreira; BRANCO, Paulo Gustavo G. *Curso de direito constitucional*, p. 329; e NOVELINO, Marcelo. *Direito constitucional*, p. 289.

[227] Cf. as ponderações de AGRA, Walber de Moura. *Curso de direito constitucional*, p. 135.

[228] Cf., entre outros, TAVARES, André Ramos. *Curso de direito constitucional*. São Paulo: Saraiva, 2010, p. 681; ARAÚJO, Luiz Alberto David; NUNES JUNIOR, Vidal Serrano. *Curso de direito constitucional*, p. 188-189.

outro parâmetro uniforme que a lei venha a estabelecer, desde que preservado o espírito da Constituição Federal de que o ingresso deve ocorrer durante o dia, se revela como o mais adequado.

Mas o próprio Poder Judiciário tem revelado preocupação quanto ao rigor procedimental que deve atender mesmo aos casos nos quais o ingresso domiciliar se dá com base em decisão judicial. Nesse sentido transcrevem-se trechos de decisão do STF que bem expressam a preocupação que de modo geral tem sido veiculada em outros julgados: "De que vale declarar a Constituição que 'a casa é asilo inviolável do indivíduo' (art. 5º, XI) se moradias são invadidas por policiais munidos de mandados que consubstanciem verdadeiras cartas brancas, mandados com poderes de a tudo devassar, só porque o habitante é suspeito de um crime? Mandados expedidos sem justa causa, isto é, sem especificar o que se deve buscar e sem que a decisão que determina sua expedição seja precedida de perquirição quanto à possibilidade de adoção de meio menos gravoso para chegar-se ao mesmo fim. A polícia é autorizada, largamente, a apreender tudo quanto possa vir a consubstanciar prova de qualquer crime, objeto ou não da investigação. Eis aí o que se pode chamar de autêntica 'devassa'. Esses mandados ordinariamente autorizam a apreensão de computadores, nos quais fica indelevelmente gravado tudo quanto respeite à intimidade das pessoas e possa vir a ser, quando e se oportuno, no futuro, usado contra quem se pretenda atingir" (HC 95.009, j. 06.11.2008, rel. Min. Eros Grau).

Importante consequência resultante do desatendimento dos critérios estabelecidos pela Constituição Federal é que prova obtida em situação que configure violação do domicílio tem sido considerada como irremediavelmente contaminada e ilícita (ponto a ser desenvolvido no próximo item), não podendo ser utilizada, ainda que o Poder Público não tenha participado do ato da invasão.[229] Todavia, muito embora este seja o entendimento dominante, há que registrar a existência de caso apreciado pelo STF em que, na hipótese de ingresso durante o período noturno e de instalação de instrumento de captação acústica em escritório de advocacia, com o intuito de obter prova de crime atribuído ao próprio titular do escritório (portanto, titular do direito à inviolabilidade do domicílio), acabou – mediante recurso aos critérios da concordância prática e da proporcionalidade – sendo autorizada a utilização da prova obtida. Tal precedente – somado à falta de uma expressa reserva legal no texto do art. 5º, XI, da CF – alimenta

---

[229] Nesse sentido, v. os precedentes em RE 251.445/GO, rel. Min. Celso de Mello, j. 21.06.2000; HC 82.788/RJ, j. 12.04.2005, rel. Min. Celso de Mello; e RHC 90.376/RJ, j. 03.04.2007, rel. Min. Celso de Mello.

a discussão sobre a possibilidade de restrições não expressamente autorizadas no âmbito de proteção da garantia da inviolabilidade do domicílio, a exemplo do que ocorre no caso dos direitos a privacidade, intimidade, honra e imagem, temática que aqui não iremos desenvolver.

Assentadas as bases da tutela constitucional da inviolabilidade do domicílio, passamos, no próximo segmento, a focar as hipóteses de flagrante delito, nomeadamente em caso de crimes permanentes, na busca de critérios para solução constitucionalmente adequada, capaz de harmonizar as necessidades de persecução penal com as exigências de preservar-se o direito fundamental envolvido. E com olhos numa constelação fática bastante invocada na jurisprudência brasileira.

6.3. A restrição do flagrante e o controle judicial no processo penal: para além do mantra da permanência

Na práxis do processo penal brasileiro não é incomum que, diante de crimes graves como o tráfico de drogas (hediondo por equiparação) e a posse (em geral), mas também o porte (nalgumas figuras típicas) de arma de fogo de uso permitido ou restrito, ocorram prisões em flagrante quando tais delitos estariam ocorrendo no espaço domiciliar do sujeito ativo.[230] Amiúde, em tais casos, a defesa postula, em preliminar, o reconhecimento da ilicitude das provas obtidas e, em consequência, a declaração da nulidade nos termos do artigo 157 do Código de Processo Penal, pois a apreensão de drogas ou armas teria se dado no domicílio do réu sem autorização judicial e ausente situação de flagrância. Uma resposta jurisprudencial usual, e até onde podemos identificar majoritária, afasta tal alegação, considerando que o tráfico de drogas ou a posse de arma configuram crime permanente,[231] pelo que o ingresso dos policiais no interior do imóvel sem a devida autorização estaria juridicamente justificado, quando evidenciado o estado de flagrância.[232]

---

[230] Confira-se, por exemplo, Apelação Crime nº 70052586211, Terceira Câmara Criminal, Tribunal de Justiça do RS, Rel. Jayme Weingartner Neto, julgado em 09/01/2013.

[231] "Aqui, é importante esclarecer que, pela forma de consumação, os tipos costumam ser distinguidos em instantâneos e permanentes. Chama-se delito instantâneo aquele que tem apenas um momento consumativo, e permanente, o que tem um estado consumativo, isto é, em que a consumação se prolonga no tempo, como sucede com o sequestro. Não é o resultado que se protrai, mas a própria consumação." (ZAFFARONI, Eugenio Raul. *Manual de direito penal brasileiro: parte geral.* 4ª ed. rev. São Paulo: Revista do Tribunais, 2002, p. 702).

[232] O que decorre, também, da singela disposição do art. 303 do Código de Processo Penal, *verbis:* "Nas infrações permanentes, entende-se o agente em flagrante delito enquanto não cessar a permanência".

Vale dizer, até que o STF determinasse inflexão jurisprudencial apreciando o tema 280 da sistemática da repercussão geral (RE 603616/RO, rel. Min. Gilmar Mendes, 4 e 5/11/2015 – *infra*), a (efetiva) falta de mandado judicial para o ingresso na residência não invalidaria a prova obtida, pois o réu estava em situação de flagrante delito, hipótese autorizada pelo art. 5º, XI, da Constituição Federal. Citam-se, inclusive, precedentes do STF (HC 86.082-6) e do STJ (HC 188.195), em abono da tese, que serão comentados adiante.

Cremos, todavia, que o critério capaz de deslindar a polêmica é, por óbvio, a verificação da *situação fática que autoriza a severa restrição de um direito fundamental* – a inviolabilidade do domicílio – que se opera no exercício do poder de polícia, ainda que de boa-fé. Se o contexto probatório não permitir ultrapassar o filtro constitucional/processual-penal, então vão comprometidas as provas da materialidade dos delitos de tráfico, receptação e porte ilegal de arma, por exemplo.

Adiantamos, em estilo sumular, o parâmetro: sem desconsiderar a natureza permanente do delito de tráfico de drogas (para ilustrar), as *circunstâncias da abordagem do caso concreto devem evidenciar "ex ante" situação de flagrância a autorizar o ingresso na residência do réu*, durante o dia e, mais ainda, à noite, sem permissão e sem mandado de busca a apreensão.

Explicamo-nos. A Constituição Federal, já visto, não proíbe a entrada em casa alheia, ainda que à noite, para fazer cessar prática delitiva, em caso de flagrante – ou desastre, ou para prestar socorro, tudo isso sem determinação judicial (artigo 5º, LXI, CF). O crime de tráfico de drogas (adotemos este suporte fático) é permanente, podendo a prisão em flagrante ocorrer, inclusive no período noturno, independentemente da expedição de mandado judicial, determinação judicial que, aliás, só pode ser cumprida durante o dia.

Para além da paráfrase do inciso XI do art. 5º da Constituição Federal, é de recuperar que a regra é a inviolabilidade (a casa como asilo do indivíduo), restringindo-se a tutela constitucional naqueles casos elencados no próprio dispositivo, que funcionam, então, como elementos excepcionais, como tais devendo ser interpretados e aplicados, sempre em harmonia com o programa normativo, que é de proteção do indivíduo. Vale dizer que, se há limites ao direito fundamental em tela, e há, também há limites para tais limites, de maneira que não reste esvaziado o conteúdo garantista do preceito.[233]

---

[233] Pra uma noção conceitual da categoria conhecida como *limites aos limites dos direitos fundamentais*, vide SARLET, Ingo Wolfgang. *A eficácia dos direitos fundamentais*. 10ª ed. rev. atual. e ampl. Porto Alegre: Livraria do Advogado, 2009, p. 394-404.

O ambiente vital, que confere horizonte de sentido à ordem jurídica em análise, é o Estado democrático de direito, que procura conciliar os dois corações do atual Estado Constitucional, o princípio majoritário (governo da maioria, com soberania popular), e a proteção aos direitos e garantias fundamentais, inclusive da minoria. Em traço largo, afirmados constitucionalmente os direitos fundamentais, limitá-los e restringi-los é tarefa cometida, *a priori*, ao legislador e, na dinâmica social, ao Poder Judiciário – em ambos os casos, mediante atenção aos critérios da proporcionalidade, não sendo demais lembrar que a dogmática da proibição de excesso decorre da necessidade de estabelecer parâmetros racionais de controle ao exercício do poder de polícia administrativo, questão datada e localizada nos estados germânicos ao longo do século XIX. Daí a noção de *reserva de jurisdição para restrição de direitos fundamentais*, nomeadamente as intervenções restritivas do processo penal. A privação da liberdade, a mais intensa intervenção estatal, em face da presunção de inocência, pressupõe trânsito em julgado de sentença condenatória. As exceções, prisão temporária e preventiva, passam, sempre, pelo prévio crivo jurisdicional. O flagrante, pela óbvia inviabilidade de controle anterior – verificado o *perigo na demora*, por qualquer do povo e mormente pelos agentes estatais no exercício do poder de polícia –, é imediatamente submetido ao juiz.

No que pertine ao caso, *recolher prova*, investigar por meio de escuta telefônica e busca domiciliar, por exemplo, traduz evidente *ingerência em direitos fundamentais*. Já se vão formando algumas ideias força, fruto de relativa convergência doutrinária[234] e de precedentes judiciais (especialmente alemães), aplicáveis à *atividade jurisdicional de ingerência*: (i) a competência, em regra, é do juiz, sendo excepcionalmente cometida aos órgãos de investigação (e mais ainda, acrescentamos, aos órgãos de policiamento ostensivo); (ii) a regra é a intervenção judicial prévia, sendo excepcional a intervenção judicial após o início da execução da medida; (iii) "Importando uma transferência excepcional de competência, em que a garantia da protecção judicial do direito cede perante o imperativo policial de urgência para a investigação e, desempenhando a reserva de competência atribuída ao juiz uma função de protecção dos direitos fundamentais, o conceito de perigo na demora exige interpretação restritiva, devendo a sua aplicação ser controlada pelo tribunal, com apelo aos princípios e técnicas já desenvolvidos no direito administrativo (e em especial no direito policial) relativamente aos conceitos indeterminados".

---

[234] Seguimos a síntese conclusiva de MATA-MOUROS, Maria de Fátima. *Juiz das liberdades: desconstrução de um mito do processo penal*. Coimbra: Almedina, 2011, p. 433-51.

Trata-se de *densificar critérios* que devem reger a atividade policial (certamente submetida à proporcionalidade e num primeiro momento postos pelo legislador) e no sentido de *objetivar o controle judicial*, idealmente prévio, às vezes *a posteriori, de atuação do Estado-Polícia*, sobrecarregado, em nossa sensibilidade, entre deveres de atuação e prevenção na segurança pública, de um lado; e de produção de provas hábeis a instruir a persecução penal, por outro, já que é inteiramente legítima e decorre de um dever geral de proteção a perseguição penal dos delinquentes no interesse da comunidade.

Assim que a inadmissibilidade de provas ilícitas, que devem ser desentranhadas do processo, na esteira do art. 157 do CPP, é concreto desafio ao controle judicial posterior apto a expurgar as provas produzidas com violação ou restrição desproporcional a direitos fundamentais. Vale dizer, só devem subsistir, a amparar o provimento jurisdicional, provas produzidas de acordo com as regras do jogo. À látera e empiricamente, pensamos que a efetividade do sistema penal passa muito pelo aperfeiçoamento da colheita da prova, por razões de eficiência e justiça.

No escopo de encontrar diretrizes materiais para aferição do caso concreto, que permitam coerência dogmática, e cientes de que se opera, muitas vezes, com casos difíceis – e no propósito de diálogo com a jurisprudência e os órgãos de segurança pública, avançamos. Se a intervenção do juiz em regra deve ser prévia à restrição, cabe-lhe igualmente "o controle da verificação dos pressupostos da situação de perigo na demora no caso de intervenção dos órgãos de investigação em sua substituição". E há duplo risco de frustração da reserva do juiz de ingerência: (a) transformar a exceção (controle posterior) em regra; (b) emprestar excessiva ambiguidade e vagueza aos parâmetros legais que autorizam as intervenções.

Destacam-se, ainda, quatro tópicos para deslindar os casos que se encaixem na constelação fática em apreço: (i) "Os princípios da subsidiariedade e proporcionalidade, em conjugação com o princípio da legalidade, obrigam o juiz a indicar os concretos fundamentos com que justifica a autorização da medida restritiva de direitos, isto é, com base em que *concreta suspeita (factos indiciados e delimitação temporal dos mesmos)* se impõe a medida de investigação restritiva do direito. Não basta a invocação da norma legal, tão pouco a mera repetição das palavras da lei"; (ii) "O conceito de *perigo na demora* deve ser interpretado de modo restritivo. Os órgãos de investigação apenas devem poder agir se, efectivamente, se verificar perigo na demora. A *situação de perigo* terá, portanto, de ser *demonstrada com base em factos concretos*"; (iii) "A decisão judicial de *validação* de uma medida restritiva de direitos deve assegurar os *mesmos padrões de exigência* impostos à medida de *autorização* (...)"; (iv) "A verificação de perigo na demora tem de ser *judicialmente sindicável*".[235]

Escorados em tal gramática, é de voltar os olhos para as tensões fáticas. Em síntese, a inviolabilidade do domicílio é a regra; excepcionalmente, diante de "fundadas razões" (fatos indiciados e delimitados temporalmente), o juiz, previamente, determinará a busca domiciliar, que deve ser feita de dia; ainda mais excepcionalmente, diante do perigo na demora, agente estatal no exercício do poder de polícia, à noite, poderá ingressar na casa de alguém, quando se depare com flagrante delito – nesta última hipótese, a situação deve demonstrar-se com base em fatos concretos, só devendo validar-se a busca domiciliar correlata (que não é consectário necessário do flagrante) quando pudesse ser autorizada, naquelas circunstâncias específicas (avaliadas *ex ante*), pelo juiz.

Sempre, contudo, que os elementos presentes nos autos não forem suficientes para comprovar a ocorrência de situação de flagrante perceptível do ponto de vista dos policiais, que se encontravam fora da residência do réu, então a conclusão só pode ser pela ilicitude da prova material eventualmente colhida. Reiteramos que o respectivo juízo cognitivo, para ser racional e controlável, só pode aceitar-se *ex ante*. Tampouco se cogita da licitude da diligência policial para realizar busca domiciliar, nos termos do artigo 240, § 1°, *a*, do Código de Processo Penal,[236] pois teria que ser previamente determinado pelo juiz.

Figure-se o seguinte contexto fático: são usuais declarações policiais no sentido de que havia denúncias (não identificadas, são anônimas, rumores – o que enfraquece o teor informativo, mormente quando não circunstanciadas) acerca de eventual traficância perpetrada pelo réu e que, no momento da prisão, estavam em patrulhamento, presume-se que de rotina, quando avistaram o réu em frente à casa onde ele morava (sabiam que era seu domicílio). Quando tentaram abordá-lo, ele correu e entrou na casa. Foi perseguido e contido já dentro da residência, ocasião em que, na revista pessoal, foram encontradas, em seu bolso, 54 petecas de cocaína. Nas buscas no interior da residência, que os policiais atestam que teriam sido autorizadas pelo acusado e sua mãe, foi apreendido o restante da droga (05 porções de maconha, pesando aproximadamente 90g; 01 porção de crack,

---

[235] MATA-MOUROS, *op. cit.*, p. 449-50 – grifamos.

[236] Art. 240, § 1°, "a", CP. A busca será domiciliar ou pessoal. § 1° Proceder-se-á à busca domiciliar, quando fundadas razões a autorizarem, para: a) prender criminosos.

pesando 125g; 04 porções de cocaína e 26 petecas de cocaína, as quais juntamente com as outras 54 encontradas com o réu pesavam um total de 180g). Também foi encontrada uma balança de precisão, vinte e um aparelhos celulares, a quantia de R$ 1.325,00 e uma espingarda calibre 12, arma que se verificou ser objeto de furto.

O que se tem, então, do teor das próprias declarações dos policiais, é que o réu estava em frente à sua casa, quando os agentes estatais decidiram abordá-lo. Os policiais mencionam apenas ter informações sobre eventual tráfico perpetrado pelo réu. Não há referência à prévia investigação, monitoramento ou campanas no local. Acerca da tentativa de abordagem, não há menção à qualquer atitude suspeita, externalizada em atos concretos, movimentação típica de comercialização de drogas, ato suspeito de entrega sub-reptícia de substância a terceiro. Não se tratava de averiguação de denúncia atual, acerca da ocorrência de tráfico naquele momento (a significar ausência de fato indiciado e delimitação temporal). Apenas avistaram o réu e, quando tentaram abordá-lo, este adentrou a sua residência (repare-se que a concentração fático-temporal, tudo se passando muito próximo e rápido, na dinâmica da vida real, torna nebulosa até a cararterização de "fuga"). A situação, portanto, revela *mera suspeita*. O fato ocorreu durante a noite, por volta das 23 horas. O Magistrado, diante da reserva de ingerência, não poderia determinar busca domiciliar naquele horário e não teria fundadas razões para deferi-la. Com base nesse substrato fático, aliás, costumam aportar duas versões: temos, em princípio (e claro que a depender da prova), como pontualmente menos verossímil (do que a negativa do réu) a narrativa dos agentes policiais de que obtiveram autorização dos moradores para a busca domiciliar, tanto por colidir com as regras da experiência, mormente instalada situação aguda de conflito, quanto por ser controvertida se vontade eventualmente externada não estaria viciada (paciente de busca pessoal, dominado, preso, sob intensa pressão). Seja como for, a pretendida autorização seria irrelevante, pois a diligência já estava maculada pela violação do domicílio, antecedente necessário para a busca pessoal.

Este tipo de diligência policial, conjectura-se, origina-se possivelmente de *premissa inaceitável* em nosso sistema constitucional, o *direito penal do autor* (o réu encontrava-se parado, estático, em frente à sua casa), cujo mecanismo, simplificadamente, parte de informes pretéritos, no mais das vezes anônimos, que assentam a etiqueta de que o indivíduo "é" traficante. A seguir, quando aleatoriamente a polícia depara-se com "o" traficante, vislumbra "atitude" suspeita, que autorizaria, neste contexto, busca pessoal. Às vezes, apreende drogas com "o" suspeito. Quando a quantidade e as particularidades não são notórias

Constituição e Direito Penal – TEMAS ATUAIS E POLÊMICOS

em si, amiúde "o" traficante transmuda-se em, no máximo, "o" usuário – na baliza do Poder Judiciário. Efeitos colaterais: a dúvida instala-se com demasiada facilidade, pela ausência de outros elementos de convicção (que não "o" conhecimento incontrastável dos policiais), gerando as naturais desclassificações e absolvições; e nas largas malhas da dúvida, é certo que muitos traficantes encontram guarida. O sistema, assim, permite-se conviver com injustiças e ineficiência.

Observamos que o marco constitucional-legal aponta via diversa, tendo como *pedra angular o direito penal do fato*. Assim, não a atitude suspeita, mas apenas *"fundada suspeita* de que alguém oculte consigo arma proibida ou objetos mencionados" *autoriza busca pessoal*, na exata dicção do § 2º do art. 240 do CPP. Implicando *séria restrição da intimidade*, direito fundamental (CF, art. 5º, inciso X), a rigor deveria, no plano ideal, também ser precedida de mandado judicial, mas o perigo na demora, a autorizar a diligência policial, já vai considerado pelo legislador no art. 244, nos casos de prisão, ou de (repete-se a locução) "fundada suspeita" de que esteja na posse de arma ou de outro corpo de delito, ou quando a medida for desdobramento de busca domiciliar.

Suspeita, para ser fundada, é intuitivo, *precisa fundar-se*, amparar-se em *elementos objetivos* – sem descurar *nuances* subjetivas, desde que *externalizáveis* (daí o direito penal do fato) –, ainda que indiciados. O foco, nesta hipótese, não seria "o" traficante, mas *condutas e atos, minimamente circunstanciados* e que, na experiência policial, no *id quod plerumque fit*, ou até mesmo na intuição sagaz do agente estatal, constituem *motivação idônea*, é dizer, *racional*, para a *ingerência em direito fundamental*. Ademais, o pressuposto para a busca pessoal autônoma sem mandado, naturalmente, é que o sujeito objeto da medida esteja em via pública, salvo prisão e desdobramento de busca domiciliar, bem como, naturalmente, fuga da abordagem, o que pode substanciar "fundada suspeita".

Quanto à *busca domiciliar*, a exigência é robustecida, lógica e axiologicamente, somente sendo deferida quando *fundadas razões* a autorizem e para as *finalidades elencadas* nas alíneas "a" a "h" do citado art. 240 do CPP. A motivação, agora, a par de idônea e racional, é necessariamente concreta e com grau apertado de fundamentação. Por outro lado, salvo situação muito peculiar, cujo ônus demonstrativo é de quem a alegar, de uma busca pessoal (ainda que exitosa) não se passa, num salto pelos direitos e garantias fundamentais, a uma busca domiciliar.

Num terceiro patamar de intervenção, considerando o gravame, assomam os casos de *flagrante delito*, em que a *urgência*, o perigo na demora, faz com que o sistema constitucional delegue a *qualquer do povo a possibilidade de restringir o direito fundamental de inviolabilidade do domicílio*. Se a premência e a emoção da vida real nem sempre permitem juízo prudente e ponderação cautelosa, o *mínimo que se exige*, pena de esvaziar a garantia, é que a *situação de flagrante seja percebida 'ex ante' pelo agente que vai operar a ingerência constitucionalmente autorizada*. Do contrário, o que se tem são fundadas razões (para solicitar mandado de busca domiciliar) ou mera suspeita (a indicar que se deve aprofundar a investigação). Em nenhum dos casos, todavia, o sistema constitucional autoriza a violação do domicílio.

A descoberta *a posteriori* de uma situação de flagrante, com o devido respeito aos que pensam diversamente, é mero *acaso*, mas *não cremos que o Estado democrático de direito jogue dados com seus cidadãos*. Não percebida a situação de flagrante, visto que o executor da ingerência não consegue justificar racionalmente porque sua crença era pelo menos verossímil, *não há como sindicar a proporcionalidade da medida* – na ausência de circunstâncias minimamente externalizadas que permitam aferição intersubjetiva. A entrada em casa alheia, nesta situação, torna-se, *ipso facto, irracional* e, portanto, *desborda das regras do jogo*. E não pode, o aleatório subsequente (eventual apreensão de drogas, ou de armas, por exemplo), determinar a licitude de *provas produzidas durante intervenção que, à partida, não se amparava em permissivo constitucional*.

Nem é justo para com o agente policial, gize-se, colocá-lo, pressionado pela mídia e pela sociedade, na disjuntiva do tudo ou nada: há de arriscar-se no escuro (muitas vezes literalmente, pois na calada da noite); se encontrar algo, honra ao mérito; se infrutífera a busca, sujeita-se a responder por ilícita violação de domicílio. Aventamos, todavia e noutra linha, que se estiver de boa-fé e na prossecução de legítimo interesse público, na *percepção*, ainda que errônea, de um *caso de flagrante*, então a *sistemática do erro é suficiente para dar conta do problema*, cabível, sindicadas as circunstâncias, que a sociedade assuma o risco (que sempre pode ser indenizado, no cível, ao morador inocente).[237]

---

[237] Certo que noutra intencionalidade e em horizonte diverso (liberdade de expressão e crimes contra a honra/privacidade), o coautor Jayme desenvolveu o instituto da *prossecução de interesses legítimos* – e cremos que alguma analogia é viável – causa de justificação que o direito penal português foi buscar na Alemanha e que se enquadra na categoria dogmática das causas de exclusão da ilicitude, assente no princípio do *risco permitido* integrado na *ponderação de interesses* (WEINGARTNER NETO, Jayme. *Honra, privacidade e liberdade de imprensa: uma pauta de justificação penal.* Porto Alegre: Livraria do Advogado, 2002, *passim*). Quanto à dimensão cível, confira-se: Reexame Necessário nº 70042897314, Quinta Câmara Cível, Tribunal de Justiça do RS, Relatora: Isabel Dias Almeida, Julgado em 22/06/2011.

Portanto, no contexto fático figurado, pese a boa-fé dos policiais, não há elementos objetivos e racionais a caracterizar, *ex ante*, situação de flagrância, na perspectiva do quem está fora da residência. Daí por que, em sendo a casa o asilo inviolável do indivíduo, nos termos do art. 5º, XI, da Constituição Federal, desautorizada estava a invasão da casa/domicílio, por qualquer um, aí incluídos os policiais, cujo ingresso, repetimos, autoriza-se apenas nas exceções permitidas pelo preceito constitucional (flagrante delito, desastre, prestação de socorro e cumprimento, durante o dia, de mandado judicial).

Nesse diapasão, a prova colhida sem observância da garantia da inviolabilidade do domicílio é ilícita, não porque ausente mandado de busca e apreensão, mas sim porque ausentes, no momento da diligência, mínimos elementos indiciários da ocorrência do delito cujo estado flagrancial se protrai no tempo em face da natureza permanente e, assim, autoriza o ingresso na residência sem que se fale em ilicitude das provas obtidas ou em violação de domicilio. Acresce que, sendo o perigo na demora vetor decisivo para que o flagrante autorize a entrada no domicílio, nos crimes permanentes (nomeadamente na figura estática de manter em depósito drogas), a intensidade desta razão diminui, já que, em tese, viável socorrer-se de mandado judicial, diferente da intervenção para evitar-se a consumação de um delito instantâneo, como um homicídio, ou de desmesurada indignidade, como a tortura, por exemplo.

De novo, à exaustão. A mera informação de que o réu é traficante gravita na esfera das suposições. É estática e não passa de etiqueta acoplada ao ser humano. Dizer que nos crimes de natureza permanente, tal qual o tráfico de drogas, o estado de flagrante se mantém, o que é dogmaticamente correto, *não significa dizer que vaga suspeita de prática de crime de tráfico de entorpecentes coloca o suspeito em estado de flagrância e, assim, afasta o direito à inviolabilidade do domicílio* – parece--nos solar o vício lógico do *non sequitur*. Diversamente, a situação de flagrante, mesmo de um crime permanente, é dinâmica, e demanda, para sua mínima caracterização, amparo em fatos concretos e atuais, que hão de ser, ao menos, passíveis de exteriorização e individuação.

A informação acerca de eventual traficância praticada pelo réu, embora possa autorizar a abordagem policial, na via pública, para averiguação (caracterizando-se fundada suspeita), não é, por si só, indicativo suficiente da prática do delito a caracterizar a situação de flagrância que tornaria lícito o ingresso no interior do domicílio, sem consentimento do morador e sem mandado judicial.

Não se está aqui a presumir a ocorrência de abuso, arbitrariedade ou mesmo má-fé na atuação policial, uma vez que, na multifacetada vida real, em especial em face de algumas atitudes narradas pelos agentes estatais (sujeito que se esquiva da abordagem, por exemplo), é muitas vezes tênue a distinção dos limites circunstanciais entre a legitimidade da ação e a afetação do direito à inviolabilidade do domicílio. Mesmo porque o fato externo, em si, é gríseo (pode-se figurar que, próximo ao portão, por prudência, o cidadão recolhe-se ao recesso do lar, com dois ou três passos, diante da aproximação de patrulha policial, para evitar confusão ou bala perdida, ou, mesmo, a reiteração de incômodas e às vezes humilhantes abordagens).

Não se pretende, de forma alguma, nunca é demais deixar claro, enfraquecer a atuação policial. Nesta senda, agregamos duas considerações: primeiro, desimporta a etiqueta verbal, pois é repetida a fórmula, em depoimentos judiciais, de que o sujeito estava em *atitude suspeita*, quando, no mais das vezes, o conceito é de *fundada suspeita*, que deflui perfeitamente do contexto da abordagem (cabe, é claro, às partes do processo penal, acusação e defesa, controverterem, eventualmente, tal circunstância, de modo a esclarecê-la); segundo, a *percepção da situação de flagrante é suficiente para desencadear uma série de atividades policiais* dinâmicas, inclusive nos desdobramentos usuais de perseguição em caso de fuga.[238]

Resta, ainda, verificar se a solução preconizada colidiria com os precedentes dos tribunais superiores anteriores ao novo paradigma do STF – RE 603616/RO. Respondemos negativamente, parecendo-nos, em vez disso, que se coaduna com tal jurisprudência. Para demonstração da correção da resposta, iniciamos pelo precedente do STF tantas vezes invocado para justificar as ingerências domiciliares. No caso, trata-se do Recurso Ordinário em *Habeas Corpus* 86.082-6, Rio Grande do Sul, Segunda Turma, Relatora Min. Ellen Gracie, julgado em 05/8/2008, unânime. Em suma, a alegação de prova ilícita (denúncia anônima e prova colhida sem observância da garantia da inviola-

---

[238] "Relativamente ao *flagrante* como escusa permissiva da invasão domiciliar desautorizada, é preciso ter em mente que este se classifica em *próprio, impróprio* e *presumido*. (... [discorre sobre as hipóteses do artigo 302, incisos I, II, III e IV, do CPP]) Pois bem, para fins de ser realizada a busca domiciliar sem ordem judicial, basta que se considere o agente em situação de flagrância, não importando qual a modalidade de flagrante tenha se operado na espécie concreta, visto não fazer a Constituição Federal nenhuma ressalva a respeito." (AVENA, *op. cit.*, p. 628). No mesmo sentido: "A Constituição estabelece exceções à inviolabilidade, que não é absoluta. A qualquer momento é lícito o ingresso no domicílio alheio em caso de flagrante delito, conceito que cabe ao legislador definir. A polícia, dando perseguição ao agente que acabou de cometer um crime, e que se homiziou na sua casa, pode adentrá-la. Quebrado o flagrante, contudo, a invasão é proibida." (BRANCO, Paulo Gustavo Gonet. "Direitos Fundamentais em espécie". In: *Curso de Direito Constitucional.* MENDES, Gilmar (org.). COELHO, Inocêncio Mártires. 5ª ed. São Paulo: Saraiva, 2010, p. 483).

bilidade do domicílio) foi afastada em face do estado de flagrância decorrente do crime permanente (tráfico de substância entorpecente). Da simples leitura da ementa percebe-se que o flagrante resultou de *diligências policiais após denúncia anônima*, com "elementos indiciários acerca da prática de ilícito penal", sendo que revolver o substrato fático-probatório era inviável em sede de *habeas corpus*.

Do voto da eminente Relatora, extrai-se que as *investigações* começaram com uma denúncia anônima (ligação de telefone celular dando conta de que um avião com grande quantidade de maconha acidentara-se ao aterrar numa fazenda das proximidades), em função da qual os policiais formaram uma equipe com dois veículos e, no caminho, cruzaram com uma camionete tripulada por dois suspeitos que, em fuga, jogaram fora um pedaço da fuselagem de um avião. Ao chegarem à fazenda, encontraram o avião e 470kg de maconha escondida no mato, coberta por lona preta. Nos autos, ainda, informação da polícia civil de "uma ligação anônima" que referia, na localidade de Pindayassu, ter visualizado diversas vezes uma aeronave pousar numa das granjas, fora da temporada de plantio e pulverização de arroz, indicando alguma atividade ilícita. Neste contexto, o STF considerou que os dados repassados ao policial civil (oriundos de denúncia anônima) "ensejaram a realização de diligência policial, sendo que no trajeto ao local indicado *sobrevieram elementos indiciários acerca da prática de ilícito penal.* (...) Há elementos que apontam, no caso concreto, para a situação de flagrância (...) a autorizar que os policiais possam adentrar o domicílio das pessoas suspeitas sem necessidade de ordem judicial para o fim de reprimir e fazer cessar a prática delituosa".

Como se vê, verifica-se uma distância oceânica dos casos de mera suspeita a desencadear a violação do domicílio, sendo o único elemento comum o conceito dogmático de crime permanente a revestir o tráfico (nalgumas modalidades do tipo de conduta múltipla previsto no art. 33 da Lei de Drogas). Fica claro, então, como afirmamos antes, que a natureza de crime permanente não autoriza flagrante sem que se perceba, via elementos concretos (ainda que indiciários), mercê de diligências policiais (ou até do acaso), a situação de flagrância.

Destacamos, a seguir, decisão do STJ no *Habeas Corpus* nº 188.195/DF, Relator Min. Jorge Mussi, Quinta Turma, julgado em 28/10/2011. No caso, os policiais adentraram na residência do réu sem mandado judicial e apreenderam 314 latas metálicas de *merla* (um composto do alcaloide cocaína), substância que era mantida em depósito e que perfazia um total de mais de 9kg de massa bruta, além de outras porções de crack e de outra forma compactada do alcaloide. Refere o voto do Relator que o Tribunal *a quo*, ao rejeitar a preliminar que buscava o reconhecimento de que a prova era ilícita, destacara as *circunstâncias da situação de flagrante*. Provocados por denúncia anônima, dirigiram-se os policiais ao local da apontada traficância, "e, ao avistarem por debaixo do portão da casa uma lata com formato igual àquela utilizada para guardar merla, adentraram na residência (...) os policiais avistaram, por baixo do portão, em uma fresta, em cima da caixa de gordura, uma lata semelhante à usada para guardar merla". Daí a conclusão, ratificada pelo STJ, de que não houve irregularidade/ilegalidade "na conduta dos policiais que tinham o dever de verificar a veracidade da denúncia, e, diante de fortes indícios da prática do crime no interior da residência do réu, realizaram o flagrante. Desta feita, a diligência realizada foi apenas uma das etapas da apreensão de droga, precedida inicialmente pela denúncia anônima que culminou por ser devidamente confirmada".

Mais uma vez, mercê de diligência policial, colheu-se indício visual da existência de drogas, sempre *ex ante* ao ingresso no domicílio, ou seja, a situação de flagrante foi percebida pelos agentes policiais, da perspectiva de quem está fora da casa. [239]

Como anunciado, o STF, se nossa leitura do Inteiro Teor do Acórdão está correta, apreciando o tema 280 da sistemática da repercussão geral, fixou tese que suporta, em grandes linhas, nossa posição (RE 603616/RO, rel. Min. Gilmar Mendes, 4 e 5/11/2015), e há decisões recentes do STJ que também parecem agasalhar tal entendimento.

É preciso haver percepção *ex ante* da situação de flagrância. Este o núcleo da nossa posição.

Certo que a questão é tormentosa; em muitas situações fáticas, de grande relevância institucional e, claro, endoprocessual. Mais, significa, uma vez reconhecida, em prol da garantia, desconsiderar uma evidência real de fatos graves que se desvelaram (drogas, armas). Ainda assim, parece-nos a melhor solução. O Poder Judiciário vela pelas regras básicas do jogo e, passar por cima da violação diante da consta-

---

[239] Referem-se, pela similitude, dois precedentes da justiça gaúcha: Apelação Crime nº 70042588988, Terceira Câmara Criminal, Tribunal de Justiça do RS, Relator: Nereu José Giacomolli, Julgado em 10/11/2011 e Apelação Crime nº 70049459191, Terceira Câmara Criminal, Tribunal de Justiça do RS, Relator: Nereu José Giacomolli, Julgado em 04/10/2012. Citam-se trechos das respectivas ementas: "A autorização constitucional de ingresso em domicílio alheio nos casos de flagrante delito depende da existência de indícios concretos da prática do crime no local e no exato instante. Ausente esses indícios, o ingresso no local depende de autorização judicial"; "Ausência de indícios concretos e convergentes de que o quarto do hotel era um ponto de tráfico, ou mesmo da existência de drogas no local. Abordagem do acusado na rua. Ausente qualquer justificativa para o ingresso desautorizado dos policiais no domicílio do réu. Ilicitude que contamina o restante do contexto probatório".

Constituição e Direito Penal – TEMAS ATUAIS E POLÊMICOS

tação, posterior, à revelia de prévia autorização judicial, de que, sim, consumava-se crime permanente:

(i) é esvaziar a garantia;

(ii) acaba por premiar a aventura, quando não o desmando policial;

(iii) endossa a inércia de um sistema de segurança ineficiente;

(iv) e torna, a sociedade como um todo, em tempos de cólera, ainda mais insegura, à mercê da urgência policial do momento.

O que se extrai do RE 603.616:

Recurso extraordinário representativo da controvérsia. Repercussão geral. **2.** Inviolabilidade de domicílio – art. 5º, XI, da CF. Busca e apreensão domiciliar sem mandado judicial em caso de crime permanente. Possibilidade. A Constituição dispensa o mandado judicial para ingresso forçado em residência em caso de flagrante delito. No crime permanente, a situação de flagrância se protrai no tempo. **3.** Período noturno. A cláusula que limita o ingresso ao período do dia é aplicável apenas aos casos em que a busca é determinada por ordem judicial. Nos demais casos – flagrante delito, desastre ou para prestar socorro – a Constituição não faz exigência quanto ao período do dia. **4. Controle judicial *a posteriori*. Necessidade de preservação da inviolabilidade domiciliar. Interpretação da Constituição. Proteção contra ingerências arbitrárias no domicílio. Muito embora o flagrante delito legitime o ingresso forçado em casa sem determinação judicial, a medida deve ser controlada judicialmente. A inexistência de controle judicial, ainda que posterior à execução da medida, esvaziaria o núcleo fundamental da garantia contra a inviolabilidade da casa (art. 5, XI, da CF) e deixaria desproteger contra ingerências arbitrárias no domicílio (Pacto de São José da Costa Rica, artigo 11, 2, e Pacto Internacional sobre Direitos Civis e Políticos, artigo 17, 1). O controle judicial *a posteriori* decorre tanto da interpretação da Constituição, quanto da aplicação da proteção consagrada em tratados internacionais sobre direitos humanos incorporados ao ordenamento jurídico. Normas internacionais de caráter judicial que se incorporam à cláusula do devido processo legal. 5. Justa causa. A entrada forçada em domicílio, sem uma justificativa prévia conforme o direito, é arbitrária. Não será a constatação de situação de flagrância, posterior ao ingresso, que justificará a medida. Os agentes estatais devem demonstrar que havia elementos mínimos a caracterizar fundadas razões (justa causa) para a medida. 6.** Fixada a interpretação de que a entrada forçada em domicílio sem mandado judicial só é lícita, mesmo em período noturno, quando amparada em fundadas razões, devidamente justificadas *a posteriori*, que indiquem que dentro da casa ocorre situação de flagrante delito, sob pena de responsabilidade disciplinar, civil e penal do agente ou da autoridade e de nulidade dos atos praticados. 7. Caso concreto. Existência de fundadas razões para suspeitar de flagrante de tráfico de drogas. Negativa de provimento ao recurso (grifei). (STF, RE 603.616, Min. Gilmar Mendes, j. 05/211/2015).

Acompanhe-se, por alguns trechos, o raciocínio cristalizado no voto do Min. Gilmar Mendes (Relator):

O presente recurso extraordinário trata dos limites da cláusula de inviolabilidade do domicílio.

A jurisprudência atual do Supremo Tribunal Federal afirma sem ressalvas que as autoridades podem ingressar em domicílio, sem a autorização de seu dono, em hipóteses de flagrante delito de crime permanente.

Pretendo demonstrar que essa tese esvazia a inviolabilidade domiciliar, contrariando a interpretação sistemática da própria Constituição e tratados de direitos humanos dos quais o país é signatário.

Por isso, proporei evolução do entendimento.

[...]

A busca e apreensão domiciliar é uma medida invasiva, mas de grande valia para a repressão à prática de crimes e para a investigação criminal. Abusos podem ocorrer, tanto na tomada da decisão de entrada forçada quanto na execução da medida. As comunidades em situação de vulnerabilidade social são especialmente suscetíveis a serem vítimas de ingerências arbitrárias em domicílios.

[...]

A interpretação que adota o Supremo Tribunal Federal no momento é a de que, se dentro da casa está ocorrendo um crime permanente, é viável o ingresso forçado pelas forças policiais, independentemente de determinação judicial [...]

Para se chegar a essa conclusão, segue-se uma linha de raciocínio simples.

[...]

Essa interpretação, a despeito de tradicional em nosso direito, é insatisfatória.

[...]

E é nessa situação que nos encontramos atualmente.

[...]

Precisamos evoluir, estabelecendo uma interpretação que afirme a garantia da inviolabilidade da casa e, por outro lado, proteja os agentes da segurança pública, oferecendo orientação mais segura sobre suas formas de atuação.

[...]

A entrada forçada em domicílio, sem uma justificativa prévia conforme o direito, é arbitrária. Não será a constatação de situação de flagrância, posterior ao ingresso, que justificará a medida.

[...]

Nas hipóteses em que a Constituição dispensa o controle judicial prévio, resta o controle *a posteriori*. Pelo entendimento atualmente aceito na jurisprudência, se a situação de flagrante se confirma, qualquer controle subsequente à medida é dispensado. Não se exige das autoridades policiais maiores explicações sobre as razões que levaram a ingressar na casa onde a diligência foi realizada.

Assim, voltando ao exemplo da droga mantida em depósito em residência, se o policial obtém, mediante denúncia anônima, a informação de que a droga está naquela casa, não poderá pedir mandado judicial, porque ninguém se responsabilizou validamente pela declaração – art. 5º, IV, CF. No entanto, poderá forçar a entrada na casa e fazer a prisão em flagrante. Se, eventualmente, vier a ser indagado, poderá pretextar que soube da localização da droga por informações de inteligência policial.

De qualquer forma, a solidez das informações que levaram ao ingresso forçado não é analisada.

Já afirmamos que essa solução é menos insatisfatória (sic). Em consequência, resta fortalecer o controle a *posteriori*, exigindo dos policiais a demonstração de que a medida foi adotada mediante justa causa. Ou seja, que havia elementos para caracterizar a suspeita de que uma situação que autoriza o ingresso forçado em domicílio estava presente.

[...]

Por outro lado, provas ilícitas, informações de inteligência policial – denúncias anônimas, afirmações de "informantes policiais" (pessoas ligadas ao crime que repassam informações aos policiais, mediante compromisso de não serem identificadas), por exemplo – e, em geral, elementos que não têm força probatória em juízo não servem para demonstrar a justa causa.

[...]

A solução preconizada não tem a pretensão de resolver todos os problemas. A locução *fundadas razões* demandará esforço de concretização e interpretação. Haverá casos em que o policial julgará que dispõe de indícios suficientes para a medida e o Juízo decidirá em contrário.

O fundamental é que se passa a ter a possibilidade de contestação de uma medida de busca e apreensão que deu resultados. Assegura-se à defesa a oportunidade de impugnar, em um processo contraditório, a existência e suficiência das razões para a medida. Ou seja, a validade da busca é testada com base no que se sabia antes de sua realização, não depois.

A mudança cria espaço para formação de jurisprudência acerca dos limites da atuação policial, possibilitando o desenvolvimento e a concretização da garantia, a partir da avaliação jurisprudencial dos casos concretos.

[...]

No que se refere à segurança jurídica para os agentes da segurança pública, ao demonstrarem a justa causa para a medida, os policiais deixam de assumir o risco de cometer o crime de invasão de domicílio, mesmo que a diligência não tenha o resultado esperado. Por óbvio, eventualmente, o juiz considerará que a medida não estava justificada em elementos suficientes. Isso, no entanto, não gerará a responsabilização do policial, salvo em caso de abuso inescusável [...].

Segue-se uma aguda observação do Min. Ricardo Lewandowski:

[...] A minha preocupação é que, se não colocarmos alguma limitação ou alguma responsabilização, sabemos como as coisas acontecem na vida real. A Polícia invade, arrebenta, sobretudo, com casas mais humildes, e depois dá uma justificação qualquer, a *posteriori*, de forma oral, na delegacia de polícia [...].

Os ministros cogitaram, inclusive, adotar o modelo da Súmula Vinculante nº 11, como se vê, para ilustrar, dessa passagem do voto do Min. Edson Fachin:

[...] Ressalto, nada obstante, uma vez mais, a importância de esta Suprema Corte sinalizar, como estará a fazer caso este egrégio Plenário aprove a tese proposta pelo eminente Relator, de modo inequívoco, que não compactua com a arbitrariedade e exige que os agentes policiais prestem contas e por escrito, ainda que a *posteriori*, das razões pelas quais entenderam presentes as fundadas razões para crer que, dentro da casa há situação de flagrante.

Em quais hipóteses essas razões são ou não fundadas, creio ser mais adequada a formação de uma jurisprudência de base que possa, no futuro, vir a ser, caso a caso, sindicada perante esta Corte [...].

Acrescenta-se, em reforço, decisão do STJ, na qual se negou seguimento a Recurso Especial do Ministério Público contra decisão da Terceira Câmara Criminal do Tribunal de Justiça do Rio Grande do Sul, que reconheceu a ilicitude da prova na linha da violação de domicílio que temos sustentado.

Confira-se a ementa:

AGRAVO REGIMENTAL. RECURSO ESPECIAL. PENAL E PROCESSO PENAL. TRÁFICO ILÍCITO DE DROGAS. CRIME PERMANENTE. BUSCA E APREENSÃO DOMICILIAR EMBASADA EM DENÚNCIA ANÔNIMA. AUSÊNCIA DE MANDADO E DE AUTORIZAÇÃO DO MORADOR. REALIZAÇÃO SEM INDICAÇÃO DA SITUAÇÃO DE FLAGRÂNCIA. NECESSIDADE DE FUNDADAS RAZÕES. ILICITUDE. 1. Ainda que seja incontroverso que nos delitos permanentes, como o de tráfico ilícito de drogas, o estado de flagrância se protraia ao longo do tempo, não se pode admitir que, com base em uma simples delação anônima, desamparada de elementos fundados da suspeita da prática de crimes, seja violado o direito constitucionalmente assegurado da inviolabilidade do domicílio. 2. Agravo regimental improvido. (AgRg no REsp 1521711/RS, Rel. Ministra MARIA THEREZA DE ASSIS MOURA, SEXTA TURMA, julgado em 21/05/2015, DJe 03/09/2015)

No mesmo diapasão, mais recente decisão monocrática do STJ (REsp nº 1542553, Rel. Min. Rogério Schietti Cruz, 02/12/2015), embora reformando decisão do Tribunal de Justiça do Rio Grande do Sul (interpretando diversamente a premissa fática), consignou:

É oportuno anotar que, hodiernamente, há certas reservas para permitir o acesso em domicílio alheio pela polícia, mesmo no caso de tráfico de drogas. Tem-se entendido na mesma ordem de idéias do acórdão recorrido não ser permitido o ingresso das autoridades na casa alheia de maneira arbitrária, sem verificar previamente o flagrante delito, para legitimar a operação somente em momento posterior, se eventualmente constatada a prática do crime permanente. Assim, para a licitude da prova, a fundada suspeita de cometimento do crime não poderia ser imaginada, mas deveria estar visível, em momento anterior à violação do domicílio, não podendo eventual constatação posterior do crime permanente convalidar a abusiva entrada na casa alheia, por mero acaso. (...) Contudo, apenas para desdobrar a questão, sem pretensão de adentrar a competência do Supremo Tribunal, para [não] esvaziar a garantia da inviolabilidade do domicílio, deve haver flagrante visualizado ex ante, vale dizer, anterior suspeita da prática do tráfico, em situação na qual seria desnecessário condicionar a atividade policial à autorização do Judiciário".

Resta, é claro, a formação de uma jurisprudência que vá orientando o sistema de persecução penal, fornecendo uma série de constelações fáticas que se amoldem a situações típicas, tanto de flagrante amparado em fundadas razões quanto de ingerências arbitrárias.

6.4. Síntese conclusiva

De todo o exposto, resulta que em termos gerais, o direito à inviolabilidade do domicílio, por conta de determinadas práticas policiais descritas quando do exame dos casos concretos noticiados, de modo especial quando se busca justificar e legitimar juridicamente a restrição do direito fundamental por conta de uma perseguição motivada por mera conduta ou atitude suspeita, é inconciliável com a imposição constitucional de interpretação restritiva das intervenções restritivas em direitos fundamentais. No caso da inviolabilidade do domicílio, como já demonstrado, as exceções são as previstas expressamente pelo Constituição Federal. A utilização da hipótese de flagrante delito como "porteira aberta" para ingerências manifestamente abusivas, para além de inconsistentes com os critérios da proporcionalidade, tal como já vêm decidindo os nossos Tribunais Superiores, sempre à vista das circunstâncias do caso concreto, é de ser censurada, pena de transformar a exceção em regra e limitar o direito fundamental a uma mera previsão formal no texto constitucional. É nossa esperança que o presente capítulo possa contribuir para o deslinde de tal problema e para avançar uma dogmática constitucionalmente conforme no tocante a teoria e prática da inviolabilidade do domicílio no direito brasileiro.

Bibliografia

AGRA, Walber de Moura. *Curso de direito constitucional*. Rio de Janeiro: Forense, 2006.

ALEXANDRINO, José de Melo. "Perfil constitucional da dignidade da pessoa humana: um esboço traçado a partir da variedade de concepções", In: *Estudos em Honra ao Professor Doutor José de Oliveira Ascensão*, vol. I, Coimbra: Almedina, 2008.

ALEXY, Robert. *Theorie der Grundrechte*, 2. Aufl., Frankfurt am Main: Suhrkamp, 1994.

ANDRADE, José Carlos Vieira de. Os Direitos Fundamentais na Constituição Portuguesa de 1976. Coimbra: Almedina, 1987.

ANTUNES, Maria João. *Comentário Conimbricense do Código Penal* – Parte Especial, Tomo II, artigos 202º a 307º. Jorge de Figueiredo Dias (Diretor). Coimbra: Coimbra Editora, 1999.

ARAÚJO, Luiz Alberto David. Comentário ao artigo 5º, III. In: CANOTILHO, J. J. Gomes; MENDES, Gilmar F.; SARLET, Ingo. W.; STRECK, Lenio L. (Coords.). *Comentários à Constituição do Brasil*. São Paulo: Saraiva/Almedina, 2013.

_____; NUNES JUNIOR, Vidal Serrano. *Curso de direito constitucional*. São Paulo: Verbatim, 2010.

AVENA, Norberto Cláudio Pâncaro. Processo Penal: esquematizado. 7ª Ed. Rio de Janeiro: Forense. São Paulo: Método, 2015.

AZEVEDO, Plauto Faraco de. *Limites e justificação do poder do Estado*. Petrópolis: Vozes, 1979.

BADURA, Peter. Generalprävention und Würde des Menschen. In: *JZ* 1964.

BARROSO, Luís Roberto; MARTEL, Leticia de Campos Velho. A morte como ela é: dignidade e autonomia individual no final da vida. In: GOZZO, Débora e LIGIERA, Wilson Ricardo (orgs.). *Bioética e Direitos Fundamentais*. São Paulo: Saraiva, 2012.

BARTOLOMEI, Franco. *La dignità umana come concetto e valore costituzionale*. Torino: G. Giappichelli, 1987.

BENDA, Ernst. Menschenwürde und Persönlichkeitsrecht. In: Benda-Maihofer-Vogel (org.). *Handbuch des Verfassungsrechts der Bundesrepublik Deutschland*, vol. I, 2ª ed., Berlin-New York: Walter de Gruyter, 1994.

BITENCOURT, Cezar Roberto. *Código Penal Comentado*. 9ª ed. São Paulo: Saraiva, 2015.

BOBBIO, Norberto. *Elogio da serenidade e outros escritos morais*. São Paulo: Editora Unesp, 2002.

BRANCO, Paulo Gustavo Gonet. "Direitos Fundamentais em espécie". In: *Curso de Direito Constitucional*. MENDES, Gilmar (org.). COELHO, Inocêncio Mártires. 5ª ed. São Paulo: Saraiva, 2010.

BRITTO, Carlos Ayres. *O Humanismo Como Categoria Constitucional*. 2ª ed. Belo Horizonte: Fórum, 2012.

_____. *Teoria da Constituição*, Rio de Janeiro: Forense, 2003.

BRUGGER, Winfried., *Menschenwürde. Menschenrechte*, Grundrechte, Baden-Baden: Nomos, 1996.

CALLEJÓN, Maria Luisa Balaguer. Derechos individuales (II). In: Callejón, Francisco Balaguer (coord.). *Manual de derecho constitucional*, vol. 2. 2ª Ed. Espanha: TECNOS, 2007.

CANOTILHO, J. J. Gomes. *Direito Constitucional e Teoria da Constituição*. 7ª ed., Coimbra: Almedina, 2004.

——; MOREIRA, Vital. *Constituição da República Portuguesa anotada*. Arts. 1º a 107º. 4ª ed. Coimbra: Coimbra Editora, 2007.

——; MOREIRA, Vital. *Constituição da República Portuguesa anotada*, 4ª ed. Coimbra: Coimbra Ed., 1991.

CARVALHO, Kildare Gonçalves. *Direito constitucional*: teoria do estado e da constituição – Direito constitucional positivo, 10ª ed. Belo Horizonte: Del Rey, 2004.

CASARA, Rubens R. R. "O Direito ao Duplo Grau de Jurisdição e a Constituição: Em busca de uma compreensão adequada". In: PRADO, Geraldo e MALAN, Diogo (Coords.). *Processo Penal e Democracia*. Estudos em Homenagem aos 20 Anos da Constituição da República de 1988, Rio de Janeiro: Lumen Juris, 2009.

CASTELLS, Manuel. *Redes de indignação e esperança*: movimentos sociais na era da internet. Rio de Janeiro: Zahar, 2013.

CORREIA, Sérvulo. *O direito de manifestação* – Âmbito de proteção e restrições. Coimbra: Almedina, 2006

CUNHA JÚNIOR, Dirlei da. *Curso de direito constitucional*. 4ª ed. Salvador: Juspodivm, 2008.

DELPÉRÉE, Francis. O direito à dignidade humana. In: BARROS, Sérgio Resende de; ZILVETE, Fernando Aurélio (Coords.). *Direito Constitucional* – Estudos em Homenagem a Manoel Gonçalves Ferreira Filho. São Paulo: Dialética, 1999.

DENNINGER, Erhard. Embryo und Grundgesetz. Schutz des Lebens und der Menschenwürde vor Nidation und Geburt. In: *Kritische Vierteljahresschrift für Gesetzgebung und Rechtswissenschaft (KritV)*. Baden-Baden: Nomos, 2/2003.

DIAS, Jorge de Figueiredo. *Direito Penal – parte geral – tomo I – questões fundamentais: a doutrina geral do crime*. São Paulo: Revista dos Tribunais; Portugal: Coimbra Editora, 2007.

DÍEZ-PICAZO, Luís María. *Sistema de derechos fundamentales*. 2ª ed. Madrid: Civitas, 2005.

DREIER, Horst. Anmerkungen zu Art. 1 I GG, In: DREIER, Horst (org.). *Grundgesetz Kommentar*, vol. I, Tübingen: Mohr Siebeck, 1996.

DÜRIG, Günter. "Der Grundsatz der Menschenwürde. Entwurf eines praktikablen Wertsystems der Grundrechte aus Art. 1 Abs. I in Verbindung mit Art. 19 Abs. II des Grundgesetzes", in: *Archiv des öffentlichen Rechts* n. 81, 1956, p. 127.

DWORKIN, Ronald. *El Dominio de la Vida*. Una Discusión acerca del Aborto, la Eutanasia y la Liberdad Individual, Barcelona: Ariel, 1998.

FARIAS, Edilsom Pereira de. *Colisão de Direitos*. A honra, a Intimidade, a Vida Privada e a Imagem versus a Liberdade de Expressão e Informação. Porto Alegre: Fabris, 1996.

FELDENS, Luciano. Comentário ao artigo 5º, XLIII. In: CANOTILHO, J. J. Gomes; MENDES, Gilmar F.; SARLET, Ingo. W.; STRECK, Lenio L. (Coords.). *Comentários à Constituição do Brasil*. São Paulo: Saraiva/Almedina, 2013. p. 399.

——. *Direitos Fundamentais e Direito Penal*. Porto Alegre: Livraria do Advogado, 2008.

FERNANDES, Bernardo Gonçalves. *Curso de direito constitucional*. 2ª ed. Rio de Janeiro: Lumen Juris, 2010.

FERRARI, Regina Maria Macedo Nery. *Direito constitucional*. São Paulo: Revista dos Tribunais, 2011.

FERRÉ OLIVÉ, Juan Carlos *et al*. *Direito penal brasileiro – parte geral: princípios fundamentais e sistema*. São Paulo: Revista dos Tribunais, 2011.

FOLEY, Conor. *Combate à tortura*: manual para magistrados e membros do ministério público. Human Rights Centre, University of Essex, 2003.

——. *Protegendo os brasileiros contra a tortura: um manual para juízes, promotores, defensores públicos e advogados.* Brasília: International Bar Association (IBA)/Ministério das Relações Exteriores Británico e Embaixada Britânica no Brasil, 2011.

GEDDERT-STEINACHER, Tatjana. *Menschenwürde als Verfassungsbegriff.* Berlin: Duncker & Humblot, 1990.

GLOECKNER, Ricardo Jacobsen. *Nulidades no Processo Penal.* Introdução Principiológica à Teoria do Ato Processual irregular. Salvador: JusPodivm, 2013.

GRÖSCHNER, Rolf; Lembcke, Oliver W. (Ed.). *Das Dogma der Unantastbarkeit.* Tübingen: Mohr Siebeck, 2009.

GROTTI, Dinorá Adelaide Musetti. *Inviolabilidade do domicílio na Constituição.* São Paulo: Malheiros, 1993.

HÄBERLE, Peter. Die Menschenwürde als Grundlage der staatlichen Gemeinschaft. In: KIRCHHOF, Joseph Isensee-Paul (org.). *Handbuch des Staatsrechts der Bundesrepublik Deutschland,* vol. I, Heidelberg: C. F. Muller, 1987.

HABERMAS, Jürgen. D*ie Zukunft der menschlichen Natur.* Auf dem Weg zu einer liberalen Eugenik? Frankfurt am Main: Suhrkamp, 2001.

——. *Die Zukunft der menschlichen Natur.* Auf dem Weg zu einer liberalen Eugenik? Frankfurt am Main: Suhrkamp, 1987.

HAVERKATE, Görg. *Verfassungslehre.* Verfassung als Gegenseitigkeitsordnung. München: C. H. Beck, 1992, p. 142.

HESSE, Konrad. *Grundzüge des Verfassungsrecht der Bundesrepublik Deutschland.* 20ª ed. Heidelberg: C.F. Müller, 1995.

HOBSBAWM, Eric. *A Era dos Extremos.* 2ª ed. São Paulo: Companhia das Letras, 1996.

HÖFLING, Wollfram. Anmerkungen zu Art. 1 Abs 3 Grundgesetz. In: SACHS Michael (org.). *Grundgesetz – kommentar,* München: C. H. Beck, 1996.

HOFMANN, Hasso. Die versprochene Menschenwürde, in: *Archiv des Öffentlichen Rechts (AöR),* nº 118, 1993.

HUFEN, Friedhelm. *Staatsrecht II* – Grundrechte. München: C. H. Beck, 2007.

HUNGRIA, Nelson. *Comentários ao Código Penal,* volume V, arts. 121 a 136. 5ª ed. Rio de Janeiro: Forense, 1979.

KAUFMANN, Arthur. *Derecho, moral e historicidad.* Madrid: Marcial Pons, 2000.

KIRSTE, Stephan. *Einführung in die Rechtsphilosophie.* Darmstadt: Wissenschaftliche Buchgesellschaft, 2010.

KLOEPFER, Michael. Leben und Würde des Menschen. In: *Festschrift 50 Jahre Bundesverfassungsgericht,* Tübingen: J. C. Mohr (Paul Siebeck), 2001.

——. *Verfassungsrecht II.* Band I, München: C. H. Beck, 2011, p. 377, com base em precedentes do Tribunal Constitucional Federal da Alemanha, designadamente *BVerfGE* 51, 97 (110) e 89, 1 (12).

KOPPERNOCK, Martin. *Das Grundrecht auf bioethische Selbstbestimmung.* Baden-Baden: Nomos, 1997.

KUNIG, Philip. *Art. 1 GG (Würde des Menschen, Grundrechtsbindung).* In: MÜNCH, Ingo von (org.). *Grundgesetz Kommentar,* vol. I. 5ª ed. München: C.H. Beck, 2000.

LADEUR, Karl-Heinz; AUGSBERG, Ino. *Die Funktion der Menschenwürde im Verfassungstaat.* Tübingen: Mohr-Siebeck, 2008, p. 10-12.

LENZA, Pedro. *Direito constitucional esquematizado.* 12ª ed. São Paulo: Saraiva, 2010.

LOUREIRO, João. O direito à identidade genética do ser humano, In: *Portugal-Brasil. Ano 2000.* Boletim da Faculdade de Direito, Coimbra: Coimbra Editora, 1999.

MACHADO, Jonatas. *Liberdade de Expressão.* Dimensões Constitucionais da Esfera Pública no Sistema Social, Coimbra: Coimbra Editora, 2002.

MARMELSTEIN, George. *Curso de direitos fundamentais*. 6ª ed. Rio de Janeiro: Atlas Editora, 2016.

MARTÍNEZ, Miguel Angel Alegre. *La dignidad de la persona como fundamento del ordenamiento constitucional español*. León: Universidad de León, 1996.

MATA-MOUROS, Maria de Fátima. *Juiz das liberdades*: desconstrução de um mito do processo penal. Coimbra: Almedina, 2011.

MAUNZ, Theodor; ZIPPELIUS, Reinhold. *Deutsches Staatsrecht*. 29ª ed. München: C.H. Beck, 1994.

MAURER, Béatrice. "Notes sur le respect de la dignité humaine... ou Petite Fugue Inacheveé Autour d'um Théme Central". In: SÉRIEUX, Alain *et al. Le Droit, Le Medicine et L'être Humain*. Aix-Em-Provence: Presses Universitaires D'Aix-Marseille, 1996.

MENDES, Gilmar Ferreira; BRANCO, Paulo Gustavo G. *Curso de direito constitucional*. 3ª ed. São Paulo: Saraiva, 2008.

MICHAEL, Lothar; MORLOK, Martin. *Grundrechte*, Baden-Baden: Nomos, 2008.

MIRANDA, Jorge. *Manual de Direito Constitucional*, vol. II, 2ª ed. Coimbra: Coimbra Editora, 1988.

——. *Manual de Direito Constitucional*, vol. IV, 4ª ed. Coimbra: Coimbra Editora, 2008.

——. *Manual de Direito Constitucional*. vol. IV, 3ª ed. Coimbra: Coimbra Editora, 2000.

——; MEDEIROS, Rui. *Constituição portuguesa anotada*. Tomo I, Coimbra: Coimbra Editora, 2006.

MORAES, Alexandre de. *Direitos humanos fundamentais – Teoria geral*, comentários aos arts. 1º a 5º da Constituição da República Federativa do Brasil, doutrina e jurisprudência. 10ª Ed. São Paulo: Editora Atlas, 2013.

MUÑOZ CONDE, Francisco. *Edmund Mezger y el derecho penal de su tiempo*. Valencia: Tirant lo Blanch, 2000.

NABAIS, José Casalta. Algumas Reflexões Críticas sobre os Direitos Fundamentais. In: *AB VNO AD OMNES – 75 anos da Coimbra Editora*, Coimbra: Coimbra Editora, 1995.

NEUMANN, Ulfried. "Die Tyrannei der Würde". In: *ARSP* vol. 84, 1988.

NOVAIS, Jorge Reis. *Direitos Sociais*. Teoria Jurídica dos Direitos Sociais enquanto Direitos Fundamentais. Coimbra: Coimbra Editora, 2010.

——. *Os princípios estruturantes da República Portuguesa*. Coimbra: Coimbra Editora, 2004, p. 52.

NOVELINO, Marcelo. *Direito constitucional*. São Paulo, Método [s.d].

NUCCI, Guilherme de Souza. *Código Penal Comentado*. 15ª ed. rev., atual. e ampl. Rio de Janeiro: Forense, 2015.

OLIVEIRA, Eugênio Pacelli; FISCHER, Douglas. *Comentários ao Código de Processo Penal e sua jurisprudência*. 4ª ed. rev. e atual. São Paulo: Atlas, 2012.

PELE, Antonio. *La dignidad humana*. Sus Orígenes en el Pensamiento Clásico, Madrid: Dikynson, 2010.

PÉREZ, Jesus González. *Dignidad de la Persona*. Madrid: Civitas, 1986.

PIEROTH, Bodo; SCHLINK, Bernhard. *Staatsrecht II – Grundrechte*, 20ª ed. Heidelberg: C. F. Muller, 2004.

PIVA, Otávio. *Comentários ao art. 5º da Constituição Federal de 1988 e teoria dos direitos fundamentais*. 3ª ed. São Paulo: Método, 2009.

PODLECH, Adalbert. Anmerkungen zu Art. 1 Abs. I Grundgesetz. In: WASSERMANN, Rudolf (org.). *Kommentar zum Grundgesetz für die Bundesrepublik Deutschland* (Alternativ Kommentar), vol. I, 2ª ed. Neuwied: Luchterhand, 1989.

POSCHER, Ralf. "Die Würde des Menschen ist Unantastbar", JZ 2004.

POSNER, Richard. *Not a Suicide Pact*. The Constitution in a Time of National Emercency, Oxford University Press, 2006.

RADBRUCH, Gustav. *Filosofia do Direito*. "Cinco Minutos de Filosofia do Direito" – Apendice II, 6ª ed. Trad. Cabral de Moncada, Coimbra: Armênio Amado, 1979.

RAMIRES, Maurício. *Diálogo judicial internacional*: o uso da jurisprudência estrangeira pela justiça constitucional. Rio de Janeiro: Lumen Juris, 2016.

RAWLS, John. *O Liberalismo Político*, 2ª ed. São Paulo: Àtica, 2000.

RIXEN, Stephan. "Die Würde und Integrität des Menschen". In: HESELHAUS, Sebastian e NOWAK, Carsten (Ed.). *Handbuch der Europäischen Grundrechte*. München/Wien/Bern: C. H. Beck, Linde, Stampfli & Cie AG, 2006.

ROCHA, Cármen Lúcia Antunes. "O princípio da dignidade da pessoa humana e a exclusão social", In: *Revista Interesse Público* nº 04, 1999.

ROYO, Javier Pérez. *Curso de derecho constitucional*. 12ª ed. Madrid/Barcelona/Buenos Aires: Marcial Pons, 2010.

SACHS, Michael. *Verfassungsrecht II. Grundrechte*. Berlin-Heidelberg-New York: Springer-Verlag, 2000.

SANTOS, Boaventura de Sousa. *Se Deus fosse um ativista dos direitos humanos*. São Paulo: Cortez, 2013.

SARLET, Ingo Wolfgang. *A Eficácia dos Direitos Fundamentais*. Uma teoria Geral dos Direitos Fundamentais na Perspectiva Constitucional. 10ª ed. Porto Alegre: Livraria do Advogado, 2009.

——. *Dignidade da Pessoa Humana e Direitos Fundamentais na Constituição Federal de 1988*. 9ª ed. Porto Alegre: Livraria do Advogado, 2011.

——. "Constituição e Proporcionalidade: o Direito Penal e os Direitos Fundamentais ente Proibição de Excesso e de Insuficiência". In: *Revista Brasileira de Ciências Criminais* vol. 47, mar./ abr. de 2004.

——. O sistema constitucional brasileiro. In SARLET, Ingo Wolfgang; MARINONI, Luiz Guilherme; MITIDIERO, Daniel. *Curso de direito constitucional*. São Paulo: Saraiva, 2012.

——. "Valor de alçada e limitação do acesso ao duplo grau de jurisdição: problematização em nível constitucional à luz de um conceito material de direitos fundamentais". In: *Revista da AJURIS* (Associação dos Juízes do Rio Grande do Sul), nº 66, 1996.

——; WEINGARTNER Neto, Jayme. "Dignidade da pessoa humana e o uso de algemas: uma proposta para uma adequada extensão e eficácia da Súmula Vinculante nº 11 do STF". In: *Revista de Estudos Criminais* nº 50, Jul./Set. 2013, p. 61-78.

SILVA, José Afonso da. *Comentário contextual à Constituição*. 2ª ed. São Paulo: Malheiros, 2006.

SILVA, Virgílio Afonso da. *Direitos Fundamentais*. Conteúdo Essencial, Restrições e Eficácia. São Paulo: Malheiros, 2009.

SOUSA, António Francisco de. *Direito de Reunião e de Manifestação*. Quid Juris: Lisboa, 2009.

STERN, Klaus. *Das Staatsrecht der Bundesrepublik Deutschland.*, vol. III/1, München: C. H. Beck, 1988.

STRECK, Lenio Luiz. "Bem Juridico e Constituição: da Proibição de Excesso (Übermassverbot) à Proibição de Proteção Deficiente (Untermassverbot): de como não há blindagem contra normas penais inconstitucionais". In: *Boletim da Faculdade de Direito de Coimbra* vol. 80, 2004, p. 303-345.

TAVARES, André Ramos. *Curso de direito constitucional*. São Paulo: Saraiva, 2010

TIEDEMANN, Paul. *Menschenwürde als Rechtsbegriff*. Eine philosophische Klärung. Berliner Wissenschafts-Verlag, 2007.

WALDRON, Jeremy. Dignity and Rank. In: *European Journal of Sociology*, 2007.

WEINGARTNER NETO, Jayme. "O que é ser Charlie para a minoria religiosa?". In: BERTOL-DI, Márcia Rodrigues *et al.* (orgs.). *A dignidade da pessoa humana como ponte intercultural para proteger vidas e harmonizar liberdades em tempos de cólera*. Direitos fundamentais e vulnerabilidade social: em homenagem ao professor Ingo Wolfgang Sarlet. Porto Alegre: Livraria do Advogado, 2016.

———. *A relevância penal do descumprimento de medida protetiva de urgência no âmbito da violência doméstica e familiar*. Direito & Justiça (Porto Alegre. Impresso), v. 40, p. 147-154, 2014.

———. *Honra, privacidade e liberdade de imprensa*: uma pauta de justificação penal. Porto Alegre: Livraria do Advogado, 2002.

———. *Liberdade religiosa na Constituição*: fundamentalismo, pluralismo, crenças, cultos. Porto Alegre: Livraria do Advogado, 2007.

ZAFFARONI, Eugenio Raul. *Manual de direito penal brasileiro: parte geral*. 4ª ed. rev. São Paulo: Revista do Tribunais, 2002.

ZAGREBELSKY, Gustavo. *El derecho dúctil*. 3ª ed. Madrid: Editorial Trotta, 1999.

ZIPPELIUS, Reinhold. *Bonner Kommentar zum Grundgesetz*. Heidelberg, 1994, p. 14.

———. *Deutsches Staatsrecht*. 29ª ed. München: C. H. Beck, 1994, p. 180.

Impressão:
Evangraf
Rua Waldomiro Schapke, 77 - POA/RS
Fone: (51) 3336.2466 - (51) 3336.0422
E-mail: evangraf.adm@terra.com.br